大樂文化

大樂文化

大樂文化

上7堂

富有的故事

成為有錢必備的智慧

The Secrets Of Money

阿南朵◎著
貳閱◎編譯

CONTENTS

練習1》探索你對金錢的態度——046

第2章 對金錢的態度與心智，決定你的財富多寡！——051

第3章

第4章

第5章

身體與姿勢會告訴你，該如何累積財富！——155

第6章

從純粹的快樂和熱情出發，讓金錢主動匯聚！——175

第7章

得到真正的滋養，體驗由內而外的富足！——201

推薦序一

熱愛金錢也是熱愛生活

官方帳號「小莉說」創始人／新女性作家　小莉

我一直以自己不怎麼愛錢為榮，好像這樣可以顯得非常高尚。直到看了阿南朵的著作，我才知道我不是不愛錢，而是不愛生活，更確切地說是不愛生命。

阿南朵在書中指出我們對金錢的無意識觀念，例如：總是覺得錢不夠、認為賺錢很辛苦、對金錢有羞恥感、認為錢很罪惡、害怕失去金錢、覺得開口向人借錢沒尊嚴、自己不值得擁有金錢等。

這些無意識觀念不存在於我們的大腦中，而是蟄伏於無意識裡，隱祕到自己都無從察覺。於是，不知不覺中阻礙自己與財富的連結。

銷售業界有一句話：「你不愛錢，錢就不愛你。」以前只覺得這是一句庸俗的雞湯文，現在聽來卻頗有道理。如果無意識地認為錢又臭又髒，賺錢羞恥又辛苦，財富怎麼會來到身邊？

既然如此，有錢就會快樂嗎？也不盡然。我們看到有錢人大多不能真正享受金錢，而是變成金錢的奴隸。有些人覺得錢永遠不夠，有些人終日陷在害怕失去金錢的焦慮，又或者對花錢有很深的內疚感。這一切也與無意識有關。

無意識是一種客觀的存在，並沒有對錯，但如果我們不能省察它，生命就會被它主宰。而且，察覺到「無意識大多來自於父母」，便是改善金錢關係的起點，得以重建思維通路，進而擁抱金錢、享受金錢。

改變確實需要時間，但察覺是改變的基礎，否則無意識會像魔爪一樣，死死地勒住我們的喉嚨。然而，有時候即使有意識地對自己說：「金錢是好的、我要享受金錢」，無意識卻總是在耳邊低語：「金錢是罪惡的，你不能享受它。」因為無意識比大腦更有力量。

此外，無論窮人或富人都常有個共同苦惱，就是覺得「我不夠好」。窮人覺得自己不夠好、不配擁有金錢，所以真的賺不到錢。富人覺得自己不夠好，所以透過拚命賺錢來證明自己，即使最後確實賺到大筆財富，卻無法享受金錢帶來的快樂。覺得自己不夠好的心態不僅限制與金錢的關係，更是讓我們感到困頓的底層邏輯。例如：

- 我不夠好，所以我要拚命努力，卻無法享受工作帶來的快樂。
- 我不夠好，所以我要向世界證明自己，一輩子活在別人的評價裡。
- 我不夠好，所以我要找個人來愛我，用對方的愛來證明自己的存在。

本書主要在探討財富，更在琢磨人生，阿南朵揭示的不僅是金錢的祕密，更是生命的密碼。希望每個人都有緣讀到它，從而開啟由內而外、真正富足的人生。

最後，向阿南朵女士致敬！您擁有治癒全世界的笑容和融化整個冰川的聲音，每一個曾經沐浴在您光輝下的靈魂，都是幸運的。

推薦序二

成功不存在於重壓下，金錢只在滋養中獲得

「幸知線上」女性心理成長平臺CEO　潘幸知

《上7堂富有的故事》看似談金錢，其實是談如何掌握自己的人生。我會向所有認識或不認識的朋友推薦這本書，是希望能幫助到每個人，進而打開新的思維模式、建立新的脈絡。因為，我也得益於此。

我公司的高階主管、同事多為女性，連客戶也有超過九〇％為女性。此外，我還加入一些女性創業社群。在公司運作的過程中，也會研究女性CEO與公司存活率的關連性，更會探索女性與成功、金錢之間的關係。

女性和男性對成功有不同的定義，許多女性遵從的是向內的陪伴幸福感，而許多男性遵從的是向外的事業幸福感。

而且，很多女性的慣性思維是「如果家庭不幸福、孩子沒有獲得良好的教養，事

業再好也沒有用，不過是可憐的女強人而已」、「拚事業的最終目標不是為了家庭幸福嗎？如果家庭不幸福，專注於事業上有什麼用？」

相反地，大多男性的慣性思維則是：「陪伴雖然重要，但什麼時候都可以。我先努力拚事業，等賺到錢、出人頭地，才能和家人分享快樂」，或是「擁有事業後，哪怕丟了家庭，也是眾人羨慕的黃金單身漢。」

因此，許多女性在事業上遇到問題時，會選擇自己最舒服、安全的方式向內延伸。然而，時間對每個人都平等，花在事業上的時間，必然會壓縮到陪伴家人的機會。雖說母親的自信及高品質陪伴對孩子非常重要，但只限於事業處於高峰的狀態。當事業走向低谷、身體出現問題，女性容易蜷縮回家庭裡。

而且，背後總有一雙手拉著她，在她耳邊低語：「女人不用在事業上逞強，可以回家照顧孩子」、「人生最重要的是家庭，事業小而美、舒服就好。」

金錢在很大程度上可以體現事業價值，所以女性心裡的潛在聲音會說：「為了金錢犧牲家庭是罪惡的，我必須說服自己不要陷入罪惡的深淵。」

我公司有兩任高階主管都是因家庭而選擇離開。一位是因為與丈夫異地生活帶來極大的不安全感，另一位是因為孩子的教育問題。這兩任主管的離去對我產生很大的影響，我一方面欣慰她們不是因被挖角而離開，另一方面卻感到不安，忍不住思索女性與金錢、事業成就的關係。

當時我覺得，事業合夥人不應該在自己或公司的低谷期離開，但後來心想，她們可能覺得在公司的貢獻，沒有得到超出期待的回報，所以當家庭和事業難以平衡時，便選擇回歸家庭。過了很久我才明白，她們要的回報不只是金錢或個人成長，還需要「關係」的回報。

金錢和個人成長當然很重要，但對大多數女性合夥人來說，關係才是最重要的指標。因為在公司成長和發展期間，高階主管和創始人的關係可能隨新人的進入，而產生微妙變化。

高階主管除了看重個人成長和職業發展，還會考慮是否與公司的成長保持一致、是否能引領公司成長。我在度過公司的生存危機後，開始反思女性在個人發展中，怎麼樣與金錢、事業產生阻隔。

幸運的是，我創業的背後有家人和戀人的鼎力支持。由於戀人也是創業家，能理解我的創業感受，並默默支持，既不會施加壓力，也不會幫忙找退路。他會說：「公司在發展階段必然會經歷一連串艱辛」，而不是說：「太累就別做了，公司倒閉也沒關係，妳回家就好。」

當女性為孩子、家庭而選擇遠離事業成功、財富自由時，會覺得自己做了很大的犧牲。雖然這是自己的選擇，但會對家庭的「陪伴關係回報」產生更多期待，例如：與丈夫的感情加溫、身旁有孩子陪伴。然而不幸的是，很多丈夫無法回應她們的期待，因為多數男性認為，只要有事業和金錢，關係可以隨時培養。

所以，這些女性遇到婚姻問題時，會覺得無路可退，不僅金錢和事業被阻隔，連家庭關係也被阻隔。這時通常有三條路可以走：

1. 侷限在家庭關係裡，努力回到最初的樣子。
2. 離婚、放棄家庭，並將它當成重生的契機。
3. 放下讓自己痛苦的關係，試圖找回自己與金錢、事業的關係，同時反思家庭問題的來源。

這三條路沒有正確答案，但是第三條路較可能收穫陪伴關係回報。透過本書，相信各位讀者會明瞭，成功不會存在於重壓之下，金錢只會在滋養中獲得。不退縮、勇於向焦慮挑戰，並改變能量的流動模式，才能擁有真正的安全感及更多選擇權。

推薦序三

成功、財富與自由的背後，有何祕密？

SRI自我重建整合課程體系創始人／心理諮詢師　盧熠翎

你是否相信「吃得苦中苦，方為人上人」這句話？是否認為只有拚盡全力才可能賺大錢？是否覺得賺再多錢也不夠用，無法讓自己擁有足夠的安全感？是否愛錢卻覺得談錢不高尚？是否覺得錢骯髒又不道德？是否賺錢賺得很辛苦？賺到的錢是否總會以各種方式離你而去？

以上問題皆來自於不瞭解金錢和成功背後的祕密。其實成功、財富和自由的背後，藏有一個被反覆驗證的祕密。

金錢和財富並不一定與辛苦、勤勞成正比。實際上，那些最辛苦勞碌、每天起得最早的人，大多不是最有錢的人。

通常我們認為自己最懂自己，但其實九九%的人不瞭解自己的無意識，以及隱藏在後面的信念。然而，正是那些信念決定人與金錢的關係、與成功的距離。這一切都可以在這本書中找到實例。

我們與金錢、成功的關係，和我們的原生家庭、童年形成的信念有關，更與大腦的固有模式有關。只是我們已經太熟悉這些模式，所以從未懷疑。

阿南朵是位帶來溫暖與喜悅的老師，永遠那麼美麗、端莊、幽默、體貼、快樂。但令我最欽佩的不是因為她的這些狀態，而是看見她生活在這樣的狀態中。

阿南朵充滿智慧，且真正活在智慧當中。相信各位讀者看完這本書，也會開啟心靈之旅。

推薦序四

最強的助人者幫你綻放生命力

知名成長培訓機構慧真教育創辦人　李悅（Grace）

十年前，我在工作坊認識阿南朵老師，她個子不高，看起來大約四十多歲，當時穿著黑色長裙，漂亮又有精神，笑容也非常燦爛。我不太記得那個課程的內容，多半是一些體驗式活動。

但是，第一天下午我內心的某些東西被深深觸動，覺得胸口像被打一個洞，那是我第一次出現如此明顯的身體感受。好像內心以前一直住在沒有窗戶的房間裡，已經習慣長期缺氧，直到某天突然有一扇窗戶打開，新鮮的氧氣流進來，我才赫然感悟：「原來自由呼吸、跳動是這種感覺！」終於，生命的活力流動起來。

我晚上回到寢室，照鏡子時驚喜地發現面容居然變得更有神采。甚至有很久不見的朋友對我說：「妳的臉比以前更放鬆、更漂亮了。」我知道這是內心變化導致相由心生。但一般來說應該需要更長時間才能顯現，我從來沒在一天之內感受到這麼明顯的變化！第二天，好幾位來自世界各地的同學直接告訴我：「妳今天變得特別美、特別快樂！」

更明顯的變化發生在第二天的午餐。工作坊的第一天，我在一大群人中感覺不自在，也害怕與其他人打招呼，因為同學幾乎都是外國人，而我的英文不夠好，也不知道怎麼表達。於是，第一天我默默地在餐廳角落用餐，快速吃完便躲進寢室休息。

但是，第二天的午餐時間，我居然自然地跟同學坐在一起聊天、聽他們說話，原本不記得的英文單詞也突然變得清晰。

在那天的午餐時間，以色列男同學的一句話令我記憶猶新，他說：「阿南朵是世界上最美的女人！」我聽聞後滿頭問號：說老師是世界上最美的女人也太誇張了，雖然她很漂亮，但畢竟四十多歲，臉上也有不少皺紋，最美的女人應該是美豔大明星才對！

但更讓我吃驚的是，他們告訴我阿南朵老師已經六十歲！年輕帥氣的以色列男同學心中，最美的女人竟然已經六十歲，顛覆我往日的價值觀，也讓我對她產生極大的興趣。

工作坊有三天，我用剩下的時間仔細觀察這位世界上最美的女人，才發現她的美並非來自容貌，而是源自於綻放的生命力。

如果說每個人都是一朵花，孩童時期的生命力應該最為綻放，雖然成年人偶爾也會綻放笑容，但總是很快消失。我過去認識的所有人當中，包括自己在內，即使容貌再漂亮，都或多或少感覺生命有某些部分被束縛。這呈現在表情和身體上，忠誠地表達我們的心事、擔憂、壓力和束縛，是無法偽裝的。

在認識阿南朵老師前，我很難把某個成年人（何況已高齡六十歲）與綻放畫上等號。但我漸漸明白，為什麼那位以色列帥哥會認為阿南朵是世界上最美的女人。因為她身上鮮活、綻放的生命力是如此芬芳美好，笑容如此喜悅，感動時毫不掩飾地落淚，安靜時寂靜肅穆如古井，跳舞時又熱情性感像盛開的桃花。

怎麼會有人活得如此全然？我真希望自己六十歲時也能像她一樣美麗綻放。而且，我發現幾乎所有女同學都跟我有相同的心願。

接下來的十年內，我有幸成為阿南朵老師的工作夥伴。一般來說，我們會對舞臺上的明星或老師有不切實際的投射，然而一旦走到幕後共事，真相就會浮現：他們在臺上與臺下不一致。誰都希望在臺上展現最好的一面，這無可厚非，下臺後還要保持同樣的狀態也相當疲累，幾乎沒人能夠堅持。但是，跟阿南朵老師工作了十年，我甚至更喜歡臺下的她。

有一次，我們在不熟悉的城市遇到交通堵塞，差點錯過飛機。一到機場，我們還在張望，阿南朵老師居然直接衝向正確的航空公司櫃檯。我們幾個比她年輕很多的女子氣喘吁吁地跟在後面，心裡暗想：不知道誰是老太太，誰是小姑娘。

幾年前，我們舉辦某個西方國家的遊學團。因為是旅遊旺季，申請簽證的人又多，四位同學的簽證遲遲沒消息。出發前一天晚上，我們接到被拒簽的消息。本來這件事跟阿南朵老師沒關係，但她聽到後竟說：「我明天去領事館。」

通常申請簽證最快需要兩個星期，我們的航班是隔天晚上，旅行社也勸我們放棄。不過，阿南朵老師隔天一早還是前往領事館。被拒簽的四位同學到達時，她已經成功叫來主管，並跟這位高級官員聊得熱烈。她幫四位同學要來新的簽證申請表，每個人填寫完畢、重新支付費用後，都拿到新的簽證，順利搭上晚上的航班。我們之後告訴旅行社這件軼事，對方目瞪口呆，因為這種事情前所未聞。

那次遊學團的同學都說，還沒出發就學到人生非常重要的一課。事後我問阿南朵老師：「當時不擔心被拒絕嗎？」她說：「我就是先行動、不擔心結果，如果真的沒有成功，我就坦然接受。」

這就是她，對生命說是的她（《對生命說是》是阿南朵的另一著作），態度看起來簡單輕鬆，卻讓能量完全地流動。不像我們前怕狼後怕虎，被腦中的恐懼、不可能的想法束縛，連嘗試的勇氣都沒有。即使鼓足勇氣嘗試也是患得患失，將能量浪費在內耗，把自己弄得筋疲力竭。

這就是阿南朵老師雖然年屆七十，卻比許多二十歲年輕人步伐輕盈的祕密。身體會衰老，但她的內在能量順暢，所以生命力自然綻放。也許你會在一個修行很高的大師身上看到這一點，但阿南朵老師不是出世的修行人，她不講形而上的哲學道理，而是活出生命原本的樣子：喜悅和綻放。

阿南朵老師年輕時是著名的律師，擁有成功的事業和家庭，但內在陷入情緒的低谷，甚至想過輕生。而且，她在童年時期經歷過重大創傷：父親生意失敗而自殺，家境一落千丈。但經過幾十年淬鍊，她身上充滿喜悅和對生命的熱忱，非常瞭解如何支持生命的蛻變成長。

每當我遇到人生重大挑戰，一副快活不下去的樣子、哭哭啼啼地去找阿南朵老師，就會從她的話中領悟：「只有自己能決定這件事是大事件還是芝麻小事！」

有位同學說，阿南朵老師曾把一瓶水放到她面前，讓她嘗試拿起來，當她準備伸手去拿，老師提醒：「不能真的拿起，只能嘗試去拿。」那位同學手足無措，不知道把手放哪裡好，而糾結了一陣子。老師走過去直接拿起水瓶說：「要不然就去做，要不然就不要做，嘗試只是個笑話。」的確如此，人生本是如此簡單，為什麼我們把一切弄得這麼複雜？

某次我們一群人一起吃飯，有位女士說：「老師，我喜歡佛陀、彌勒佛、觀音菩薩、文殊菩薩等諸佛菩薩，也喜歡耶穌、聖母瑪利亞，以及孔子、老子等聖人。我吃飯前會先感謝他們，但是要感謝的對象太多，總怕有遺漏。」阿南朵老師聽聞後回答：「妳不是應該先感謝做飯的廚師嗎？」這簡直是神回覆，把飄在天上的人直接拽到地上。

阿南朵老師就是這麼踏實地享受人生。她是個不懂中文的外國人，喜歡去深圳的羅湖商業城購物，請裁縫師做她自己設計的衣服，或是改良某個大牌的設計。她擁有占地龐大、價值不菲的別墅洋房，也喜歡去血拼，享受殺價的樂趣。有位女生曾和阿南朵老師去購物，說從未見過有人這麼精通殺價的藝術。

在阿南朵老師身上，我看到什麼是「活出生命，運用和享受金錢」。這對追逐金錢、為錢掙扎、無法活出喜悅生命的人來說，實在太有啟發性了！對待金錢的態度其實也是對待生命的態度，與我們擁有多少財產沒有直接關係，因為最快樂的人可能不是擁有最多的人，而是最能享受和感恩的人。阿南朵老師不是理論講得最好、最高深的人，卻有神奇的轉化力。

以前我並不明白其中的奧秘，直到有一次參加名為「助人的藝術」教師培訓，才知道助人者的影響力層級有三：

- 一級助人者：傳遞知識，例如國中教師。
- 二級助人者：傳授能力或技巧，例如某個領域的專家、老師或師傅。

● 最高級的助人者：身份可能不是老師，也不一定從事助人工作。可能是受尊重的長輩、領袖人物或老師，能影響他人的品格。

向一位英語能力強的老師學習英文，不一定會想成為對方。只有遇到品格特質令自己非常尊重和喜愛的人，才會想變得像對方一樣，甚至下意識地透過模仿，逐漸朝對方的特質靠近，這就是最高級助人者帶來的學習動力和影響力。

在阿南朵老師的課堂中，最常聽到：「我希望年紀大了能像阿南朵老師一樣綻放、喜悅地活著。」阿南朵老師正是這樣的助人者。

NOTE

/ / /

很多人精心努力，結果只得到一點錢，或者明明有機會賺到很多錢，但因為恐懼而讓機會溜走。還有一些人雖然累積一定財富，但是犧牲陪伴家人的時間。這都是因為他們和金錢的關係出現問題。

第1章

連巴菲特也認為，心理素質決定金錢是否靠近你！

錢是流動的能量，愈是緊握愈會失去

金錢的價值不斷改變，我們可以將它看作一種運動，而任何運動的事物就是能量。把錢當作能量，它便會流動起來，這就是錢的本質。

錢到底是什麼？它是好還是壞？很多人認為金錢是萬惡之源。許多文學作品中，金錢和人性常被放在對立面討論。舉例來說，古希臘的戲劇家索福克里斯（Sophocles）在《安蒂岡妮》（*Antigone*）裡詛咒過金錢：

人間再也沒有比金錢更壞的東西。它到處流竄，讓城邦毀滅、讓人被趕出家鄉，還教壞善良人，使他們走上邪路或做出可恥的事，甚至令人為非作歹，犯下種種罪行。

著名作家奧諾雷・德・巴爾札克（Honoré de Balzac）在很多部小說裡，也控訴金錢的罪惡。像是《小氣財奴葛蘭岱》（*Eugénie Grandet*）中，無論是父女、夫妻還是朋友關係，全部排到金錢後面。

另外，在「偵探小說女王」阿嘉莎・克莉絲蒂（Agatha Christie）的偵探小說中，甚至有三十六場謀殺案源於金錢。

但是，也有人認為財富相當正面，因為無論誰創造財富，都會讓世界變得更加富有。正如美國金融學家約翰・斯蒂爾・戈登（John Steele Gordon）所說：「你創造的財富將留給後人，讓全世界變得更富有。」

那麼，金錢、財富究竟代表什麼？每個人對金錢都有自己的理解。有人認為金錢代表身份地位與尊嚴，有人把金錢與自由、安全、控制連繫在一起，有人提到金錢會感到沉重和壓力，還有人因金錢而感到愧疚、羞恥，甚至仇恨。

我對於金錢有一些看法，你不接受、不認同也沒關係。

金錢是流動的能量

我們常傾向將金錢當成可以擁有、控制的固定財富。實際上，金錢有各種不同的形式，可以是銀行貨幣、房地產、某種商品、金條或是事業。

然而，不論金錢的形式為何，它的價值都會隨著時間改變，現在能用百元鈔票買到的東西，十年後肯定不一樣。因此，如果將金錢視為固定的財富，想要緊抱並留住它，最後一定會失去。

所以，我對金錢的第一個看法是：**金錢是能量**。金錢的價值不斷改變，我們可以將它看作一種運動，而任何運動的事物就是能量。把錢當作能量，它便會流動起來，這就是錢的本質。

金錢本身沒有意義

第二個看法是：**金錢本身沒有意義**。如果我們稍微瞭解貨幣的起源，應該非常容易理解這個看法。

在發明金錢之前，如果想用一頭牛換一頭羊，需要帶著牛到村莊，挨家挨戶地找願意交換的人。有了錢這個工具後，交易變得簡單許多。

其實，錢只是一張紙而已，但發明錢的人告訴我們一個故事，讓我們相信金錢有價值。如果拿錢跟猴子換一根香蕉，牠肯定會想：「真是愚蠢的人類，以為一張紙可以換到一根香蕉。」

由此可知，錢的價值來自大家對它的認同。事實上，這也是大家唯一相信的事。即便並非所有人都信仰上帝、國家或家庭，但大家對錢抱持同樣的信念，這也是錢能運作的原因。

因此，我們漸漸忘記錢只是一張紙，反而賦予它社會上、心理上、情緒上的意義，把它看得比原有的本質重要許多。有很多人的個人形象、自我認識都來自於金錢，甚至願意摧毀健康以換取金錢。

有人因錢而與朋友發生爭執、終生不再往來，因為他們把錢看得比友誼重要。有的家庭因錢而變得四分五裂，因為他們把錢看得比家庭重要。還有一些人甚至因錢而輕生或殺人，因為他們把錢看得比生命重要。

我在「財富與自由」的工作坊中，和學員一起探討個人與金錢的關係，**請大家思考以下的問題：**

1. 金錢和財富的意義是什麼？你需要多少錢？
2. 如果對於財務感覺安全，你會怎麼過一生？
3. 如果你的錢遠多於日常生活所需，它帶給你什麼感覺？
4. 大量的錢滿足你哪些需求？你覺得它能帶給你關注或是力量？
5. 自由對你而言代表什麼？自由來自哪裡？你希望得到怎樣的自由？你會從什麼當中得到自由？
6. 你希望從什麼當中解放？是從他人對你的批評、期待，還是從責任、義務當中？

7. 你希望自由地做什麼？

8. 賺錢會剝奪你的某部分自由嗎？例如與朋友、家人相處的時間，或者需要出賣良知，不得不做某些事情？

根據每個人的態度與信念，這些問題會產生不同答案，沒有對錯也不需要評判。你只要如實地傾聽自己的內心，把答案寫下來。

相信許多人是第一次思考這些問題。**我們總是去做別人期待，或是自己認為應該做的事，卻從來沒有問過自己究竟想做什麼、對自己來說真正重要的是什麼。**

假設財富為我們提供安全舒適的生活，那麼自由便是讓我們過滋養的生活，不需要承受不必要的壓力（雖然有些壓力是良性的，但有些壓力其實不必要），因為自由是能做樂在其中的事。

然而，財富與自由是否真的可以並存？這是我們接下來要探討的課題。

吸引力法則的念力能為你帶來財富嗎？NO！

運用吸引力法則就能獲得良好的金錢關係嗎？我只能說這是美好的願望，就像我希望母親永遠不要離開一樣。

《祕密》（*The Secret*）這本書甫出版就空前熱銷，在美國一個月銷量突破兩百萬冊，四個月超過五百萬冊，版權隨後賣到澳大利亞、加拿大、英國、日本、韓國、中國大陸和台灣。其內容講述吸引力法則，被稱為「心靈勵志聖經」。

書中表示，用念力投射自己想要的東西，願望就會實現。例如：企業家對市場投射強大的念力，銷售額和利潤就會提高。很多人相信吸引力法則，因為「心想事成」實在太令人興奮。有一次我看到新聞報導某人中了彩券頭獎，中獎者表示因為自己運用吸引力法則。

但是，運用吸引力法則就能獲得良好的金錢關係嗎？我只能說這是美好的願望，就像我希望母親永遠不要離開一樣。仔細想想，幾千萬人也運用吸引力法則買彩券，卻沒有中獎，還有更多人運用吸引力法則，卻無法擺脫糟糕的人生。

為什麼吸引力法則無法百分之百奏效？因為它是基於意識及正面思考。這沒有什麼不對，但問題在於：人真的可以控制自己的意識嗎？

我們可以對自己說：「今年我要多賺十億元」，並且將錢的照片貼在牆上保持動力，但心底有一個小小的聲音說：「因為我不夠好、我不值得。」當這樣的無意識出現時，勝利的是意識還是無意識？殘酷的是，贏的永遠是無意識。

許多人應該都有類似經驗，目標好像總受到阻擋，導致一直無法達成。究竟是什麼擋在前面？其實就是無意識。

我喜歡把大腦比喻成一座冰山。大部分的冰山沉在海水之下，露出海面的只有冰山一角，我們的大腦也是如此。科學家表示，九五％至九九％的時間，大腦處於無

大腦多處於無意識狀態

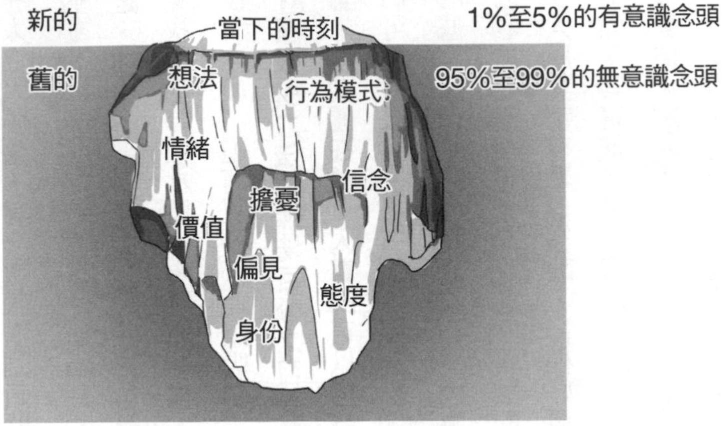

意識狀態。或許很多人難以接受：「不，我是有意識的，我很清楚自己在做什麼。」

但請回想一下，自己有沒有做過類似的決定：我要多運動、更早起、吃得更健康、對我的伴侶和小孩更好，而這些決定能確實做到多少？

我們經常因為沒有確實完成，而在事後從道德的角度評價與批評自己：「我的生活習慣好差」、「我太沒毅力」、「太沒責任感」。

這些想法容易心生羞愧，也無法解決任何問題。雖然做決定的是意識，但最後的結果卻來自無意識。就像小孩在玩投幣賽車，但沒有投幣就轉動方向盤，他以為自己操控著賽車，其實螢幕上只是重複播放相同的廣告畫面。

也就是說，無意識的頭腦主宰我們的人生，卻潛藏在心中、不容易察覺。而且，金錢會靠近還是遠離自己，與無意識的態度密不可分。我會在之後的章節具體談這些無意識的觀念，探討它的形成，以及應該如何因應。

你運用過吸引力法則嗎？在運用的過程中，對哪些事情有效？失效的又是哪些？是否發現容易實現小目標，不容易實現大目標？

我們內心不只要錢，更要被尊重、被包容……

她希望金錢可以滿足所有需求，讓她獲得別人的尊重、接納和愛。然而，這種態度卻使得金錢感到壓力。因為錢只是錢，給不了其他東西。

在「財富與自由」的工作坊中，為了讓學員確實明白自己與金錢的關係，我將學員分成兩人一組，其中一人代表金錢。接著，請兩人面對面站立，保持目光接觸。之後，請他們順從自己內在的感覺，移動身體或者靜止不動。（活動詳細內容可見節末）

有人努力想靠近金錢，身體卻連連後退。有人一直追著金錢，但金錢卻滿場躲避。有人雖然站著不動，但無法直視金錢。有人對著金錢淚流滿面，甚至嚎啕大哭。

我至今仍記得，有一位代表金錢的學員A脫口而出：「我可以給妳錢，但我只是錢，妳要的尊重、愛、接納和包容，我都給不了妳。」

我邀請學員A分享說出這句話的原因，她回答：「看到學員B盯視著我，內心感到非常沉重和難受。那種熱切的期待就像餓了很多天的小孩，懇切地看著母親做好的食物，所以我情不自禁說了那番話。」

聽完學員A的話之後，學員B落淚了。學員B出生於重男輕女的家庭，因為是女孩，從小就受到許多不平等對待，於是立志長大後要賺非常多錢，讓看不起她的人都來巴結她。雖然她後來確實做到了，進入職場後薪水很好，但並不快樂。

從結果來看，學員B與金錢的關係似乎不錯，但她還想要更多的錢，這也是她來工作坊的原因：她希望金錢可以滿足所有需求，讓她獲得別人的尊重、接納和愛。然而，這種態度卻使得金錢感到壓力，因為**錢只是錢，給不了其他東西**。

我又想起另一個故事。有一位五十幾歲的學員，在二十歲前沒有好好吃過一頓豐盛的飯菜，如今他雖然並非大富大貴，但絕對衣食無憂。不過，他對吃飯還是有非同小可的執著，每天三餐必須有酒有肉，否則一整天會情緒不佳。這是因為他的內心有個關於飲食的空洞需要填補，關於這一點，後面會用更多篇幅詳談。

當然，也有學員與金錢的關係非常好：他們吸引金錢、溫柔相擁，讓金錢感受到喜悅恬靜的能量。某次，一位代表金錢的學員C分享：「一開始雖然不排斥學員D，但也不想靠近。一段時間後，我從對方身上感受到一股溫暖能量，讓人想主動靠近，於是走上前擁抱。」

學員D是第三次到我的工作坊，她提到前幾年手裡只要有點錢，很快就會不見，有時候還是以莫名其妙的方式溜走，像是弄丟、被偷走、付醫藥費等。這幾年，她察覺到自己無意識裡的自卑感、對金錢的羞恥感，於是與金錢的關係開始漸入佳境。學員D說：「**以前錢是一條小溪，動不動就乾涸，但現在錢是水渠，嘩嘩地流動。**」

各位可以自己嘗試以下的活動，只要靜心投入，就能清晰看見金錢是在靠近還是遠離。

首先，找一位夥伴代表金錢。雙方皆保持安靜、慢慢地放空自己，體驗對錢的感受，並誠實地面對自己。在這個階段，我發現有的人嘴上說渴望錢，雙腳也試圖往錢的方向移動，但上半身卻往後仰，明顯地在排斥錢。

接下來，請代表金錢的夥伴說：「我是中性的錢，不代表好或壞。」說完後兩人對視，保持目光接觸兩分鐘。之後，聽從自己的感覺移動身體，可以遠離或是靠近，也可以擁抱。各位的反應會如何呢？

練習1

探索你對金錢的態度

這個練習能探索你無意識中的金錢信念和態度。

請和幾個人（不少於三個人）圍坐一圈，每個人右手拿出一些鈔票（數目自行決定），左手張開。另外，再請場外一個人發佈指令。

圓圈中的人聽到「Pass」的指令後，把右手的錢傳給右邊的人，左手接受來自左邊的錢，讓錢流動。「Pass」的指令愈快，大家的動作也跟著變快。整個過程持續三分鐘，直到發佈指令的人喊「停」。

請觀察錢流動時自己的感受。喊停後，自己手中的錢比一開始多還是少？感覺如何？覺得有罪惡感還是興奮？接到錢比較開心，還是把錢傳出去比較開心？

再看圓圈中的其他人。他們有多少錢？對於錢比你多的人，你有什麼感受？對於

緊抓著錢不想傳出去的人又有什麼感覺？你願意跟他們打交道嗎？當「Pass」的指令加快，你會感到焦慮嗎？請仔細回想活動時的心境與感受：

閉上眼睛深呼吸，你的手摸著什麼？

感受臉上的溫度，以及你無意識中對錢的信念。

錢沒有那麼重要，它只是一種需要流動的中性能量。

當錢從你的一隻手流動到另一隻手，有什麼感受？

是焦慮、激動、擔心，或是嫉妒、生氣？

感受自己的存在，認清你比錢還重要的事實。

把專注力放在呼吸上，即使周遭的事物一直改變，你仍必須活在當下。

錢來了又走，而你自在地呼吸，沒有牽涉其中，只是單純享受這種流動。

錢從一隻手來、另一隻手走，但這不是最重要的，你的人生不仰賴於此。

你真正的價值也並非取決於此。

每次做這個練習的時候，我都會發現一些有趣的細節：有人會緊抓住錢不放，雖然拿到五張鈔票，卻只傳出一張。有人甚至把接收的錢藏起來，每當我說「Pass」，就把錢放在自己腳下，努力把錢留下來。

隨著我的指令愈來愈快，大家的呼吸變得急促，身體逐漸前傾，這代表對錢的焦慮與渴求。請務必記住，錢是一種流動的能量，就像水一樣需要流動，不流動就成為死水。如果我們一味地想掌控錢，自己的世界就會變得很小。

NOTE

/ / /

其實賺錢的機會很多，我們也擁有賺錢的能力、智慧、創意、能量。阻礙財富到來的究竟是什麼，我們是如何限制、破壞自己？

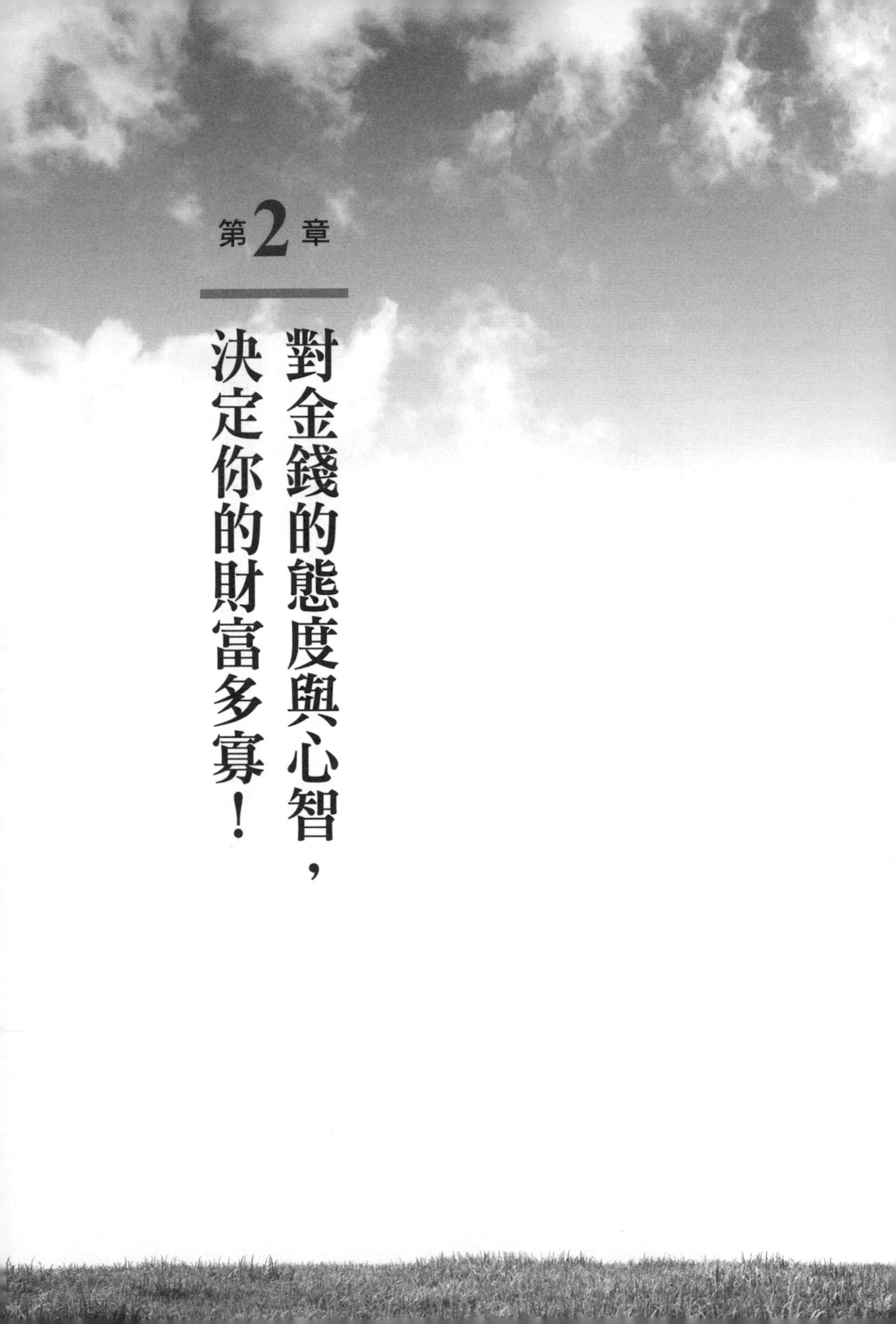

第2章

對金錢的態度與心智，決定你的財富多寡！

10種錯誤的金錢態度，你犯傻了幾種呢？

我們經常相信並執著舊有的無意識態度，但那些態度其實都來自父母。我們很容易在別人的故事中看到這個事實，但在自己的故事中，卻無意識地對父母展現極大忠誠。

我們對金錢常抱持一些無意識態度，這些態度並沒有對錯，重要的是你如何看待。以下介紹十種常見的金錢態度。

盲目追求更多金錢

某部關於華爾街的電影中，有一個場景是老闆詢問新進員工：「你的數字是什麼？」華爾街每個人都有一個數字，代表自己賺到的錢。沒想到員工反問老闆：「您的數字是什麼？」老闆回答：「很簡單，我的數字是『更多』。」

很多人對金錢會產生焦慮、恐懼、沮喪、抱怨等情緒，這些都與無意識態度有關。還有一種常見的無意識態度是「認為錢愈多愈好」。

尤其在當前的消費型社會，愈來愈多人具有追求金錢的無意識態度。從另一方面來看，這代表永遠無法停下來享受金錢，而且伴隨追求金錢而來的，還有壓力和焦慮。

舉例來說，某個人心想：「我只要再多賺一億元，就可以放鬆地享受人生。」然而，多賺到一億元之後，真的會停下來享受嗎？答案往往是否定的。如果發現其他人擁有更多金錢，便會對自己說：「我需要更多錢，這樣根本不夠。」

只要抱有這種無意識態度，就會不斷地跟他人比較，而且永遠不會感到滿足。

我敢保證，這種態度不僅使自己深受壓力，甚至被吸取能量，無法真正自由地享受生活。

在工作坊中，我讓學員兩人一組，其中一位學員扮演錢，另一位對錢說出自己的無意識態度，接著讓錢複述所聽到的話。某位學員向我們分享：「當我聽到錢複述我的話，說出『更多』時，身體變得緊繃又抵觸。」

實際上，很多人都處於這種狀態，一味地盲目追尋更多錢，卻從來沒有停下來反問自己：「人生的價值是什麼？」如果將所有焦點放在錢上，便無法享受快樂，更無法享受生活。

努力、辛苦、犧牲才能賺到很多錢

相信大家都很熟悉「一分耕耘、一分收穫」這句話，許多人也將這句話套用在金錢觀念上，認為要賺大錢必須非常努力、拚上全力。如果你也這麼認為，代表你覺得賺錢的壓力很大，經常感到疲憊。

這種無意識態度會使你受限，就像在白天戴著眼罩走路，即使財富走到你面前，也不會發現。

有一位學員經常抱怨薪水太低，覺得自己懷才不遇。直到有一天，他曾任職的企業給他非常不錯的工作機會，不僅薪水誘人，工作內容也深具挑戰性。但他遲疑：「怎麼可能輕鬆拿這麼高的薪水，其中肯定有隱情。」最後，他拒絕這個進入高薪行業的機會。

機會明明已經來到眼前，卻因為無意識態度而親手推開難得的機遇。如果你也心想：「我一定要犧牲、掙扎、努力，才可以賺到很多錢」，則很難看見輕鬆賺錢的好機會。

父權社會下的女性金錢觀

不論在影視或是文學作品中，有錢人大多傲慢無禮、盛氣凌人，而且他們獲得金錢的方法往往令人不齒。英國有一句名言：「財富造成的貪婪人，比貪婪造成的富人更多。」

很多人相信非常富有的人一定做過壞事，像是欺騙、剝削、敲詐等。雖然這並非完全正確，但如果無意識地相信這種認知，就不會允許自己賺太多錢，反而不明所以地暗中阻撓自己的財路，例如：讓自己的目標變得渺小、無意識遠離容易賺錢的行業。即使湊巧有錢，也會想方設法把錢花掉，很難放鬆地享受金錢。

此外，我認識的女性當中，很多人即使在某些領域非常有潛力，有賺大錢的機會，卻不願意選擇看似不適合女性的工作，像是業務、銷售等。

曾經有位女性對我說：「我不喜歡每天坐在辦公室裡處理文件。促成客戶下單是我的強項，也有人建議我轉換跑道，但我是好女孩，所以拒絕了。」

「有錢是危險的」

如果家族中有人因為擁有太多錢，而受到控告或侮辱等不公正的對待，這個家族可能會無意識地認為：「擁有很多錢不是好事。」

即使過了多年，這種無意識也會被一代代傳承下來。伯特．海靈格（Bert Hellinger）創立的「家庭系統排列」❶，是臨床心理學界的熱門課題，如今已有許多案例佐證這個論點。

此外，表觀遺傳學（epigenetics）也從生物學的角度解釋這個事實。二十世紀「荷蘭大饑荒」期間，食物極度不足導致許多人心中留下創傷。後來，**經歷過饑荒者的孩子對食物也感到非常焦慮，甚至連孫子、曾孫等皆是如此。**

科學家研究發現，在饑荒期間受孕的孩子，DNA甲基化水準低於其他兄弟姐妹。後來，科學家也從老鼠身上得到證實：祖輩營養不良的記憶會傳給子一代和子二代，甚至導致他們的DNA出現變化。

相同地，如果父母、祖父母曾因為擁有過多錢而受苦，子孫會在無意識中承接上一代的金錢態度，並認為有錢很危險。

---

❶ Family Constellation。此心理治療法多用於家庭問題。海靈格認為家庭中都有一股難以察覺的隱藏意識，而家族成員會無意識地受到影響。

在前幾年房價低迷時，有一位學員剛好接了幾個大型專案，拿到一筆可觀的收入，並打算將錢用於置產。他選定的社區環境和管理都相當優良，是出名的富人住宅區。然而，在準備交訂金的前一天，他的腿卻摔傷了，之後事業持續走下坡，再也買不起那個社區的房子。

他在工作坊上遺憾地表示：「如果當初把房子買下來，我也是有錢人了。」深究他的家世後，得知他的爺爺奶奶、外公外婆都曾經是非常富有的人，卻因此吃了不少苦頭。在那位學員的無意識當中，也許並不想住在有錢人社區，因為成為有錢人是相當危險的事。

把錢花在別人身上比較容易

有些人對錢會產生羞恥感，這種無意識態度也會限制自己。即使有意識地想賺很多錢，無意識層面卻設法破壞這一切。

請記住：**無意識比有意識更強大。若無意識中對錢抱持羞恥感或罪惡感，即使賺**

取許多錢，也不會享受錢。因為對這些人來說，把錢花在別人身上比花在自己身上更容易。

通常知識份子或道德價值觀較高的家庭，會抱持這種無意識態度，認為錢較為低下、讓人感到羞恥。因此，生於這些家庭的人更容易有這種態度。

不可以開口向別人要錢

還有一種人，覺得不可以向人開口要錢。他們也許因為內心的驕傲，導致無法輕易向人開口，或者無法將借出去的錢要回來。這種無意識態度在內心不斷告訴自己：「不可以負債。」然而，很多時候借錢在所難免，比方說經營事業時，如果想擴展到一定規模，就必須開口借錢。

除了內心的驕傲外，這種無意識態度也可能來自於缺乏自信，認為自己不值得、不夠好。如果內心潛藏這種態度，當追求大目標時，就會質疑自己：「我會不會成功？我有沒有能力做好？」並在無意識中不斷破壞自己。

「我愛錢」

另外，有一種常見的無意識態度是「我愛錢」。聽起來似乎是一種正面態度，但真是如此嗎？

當我們說愛某個事物時，常帶有強烈的渴求。你是否想過為什麼會對某人說「我愛你」？因為你希望對方也回應「我愛你」。實際上我們的愛有條件，而且充滿渴望，所以當錢在身邊時，愛錢很容易，但若是錢不在身邊或者開始遠離自己，是否會心生焦慮？

如果我們沒察覺到這一點，一旦錢開始消失或遠離，就會進入緊張、壓抑的狀態。相反地，如果將錢當作流動的能量，並打從心底認為：「錢在身邊時我很享受，即便錢不在，生活也會繼續下去」，心裡便輕鬆許多，因為錢的能量本來就是自由的。

「有錢就要牢牢抓住」

還有一種人對錢非常謹慎，害怕失去錢或者不夠用，於是牢牢地抓住錢，希望錢永遠不要離開。

錢是流動的能量，總是來來去去。如果太想控制錢，會對錢產生無意識的焦慮和恐懼，這是限制金錢來訪的無意識態度之一。

想賺大錢就必須投資、冒險。勇於承受風險、敢於花錢，錢才會變得更多。如果對待錢總是小心翼翼又焦慮，它就會在你達成目標的路上成為阻礙。

「有錢就要趕緊花掉」

有些人則與前者相反，他們想都不想就大把大把地花錢。儘管銀行每天不斷印鈔票，但世界上的金錢數量仍然有限。換個角度來看，如果某人愈來愈有錢，代表其他人的錢正在減少。

擁有很多錢的感覺非常美好，但如果不懂得欣賞或感激，而一味地大量揮霍，錢便從指尖中逐漸流失。因此，必須察覺到自己「不尊重也不感激錢」的無意識態度。

抱怨錢

抱怨錢是另外一種無意識態度。我們很常抱怨：「為什麼付出這麼多努力，還是賺不了大錢？」如果對待整體人生的態度等同於對待錢的態度，則會經常埋怨：「我沒有得到我想要的。」

繼續閱讀後面的內容會發現，當這些無意識的抱怨出現時，不但影響自己的能量，也影響與金錢的關係。

這些無意識的態度都是學來的

我想應該沒有人在呱呱墜地時就覺得：「賺錢對我來說很困難，而且我不值得享受金錢。」我們對待金錢的無意識態度到底來自哪裡？難道是與生俱來嗎？

當然不是，我們是從父母身上學來的。所有的無意識態度都只是大腦中的一種衝擊電流，在神經通路上移動。**我們不經意地賦予無意識極大能量，但其實無意識是在強烈的意識中被創造**。科學家指出，人的神經通路往往在六歲前逐漸形成，而那段時間影響我們最多的正是父母。

有位女性總是沒辦法將錢花在自己身上，結婚後也無法把錢花在丈夫身上。探究後發現，那位女性從小被父親告誡：「妳不需要這麼好的東西。」她深信這個說法，長大後又把這些話投射到丈夫身上。在意識層面，她雖然想擁有金錢並好好享受，但往往不容易做到。

還有一位企業家，每次事業拓展到一定程度後，總是無法再擴張。在工作坊中，他突然意識到自己的父親是靠體力賺錢，雖然父親非常努力也相當辛苦，卻只能讓家人勉強溫飽，所以他一直認為賺大錢很困難。

父母能帶給孩子如此巨大的影響力，是因為孩子想從父母身上找到歸屬感，而抱持近乎盲目的忠誠。孩子年幼時就知道，如果沒有父母的幫助，自己沒辦法生存，所以在無意識中與父母建立許多合約，例如：讓自己像父母，就可以歸屬於父母。

我們經常相信並執著舊有的無意識態度，但那些態度其實都來自父母。我們很容易在別人的故事中看到這個事實，但在自己的故事中，卻無意識地對父母展現極大忠誠。即便我們不喜歡父母，甚至一想到就感到憤怒，但在那些情緒之下，藏有無意識的渴望和歸屬感。

我們在無意識中變得像父母，同時承接他們的態度與想法，以及情緒和慣性。如果母親看起來哀傷沮喪，自己也表現得悲傷憂鬱，如果父親對錢感到焦慮，自己也對錢感到壓抑，這樣就能歸屬於父母親，而且我們一直都在無意識中這麼做。為了有效破解這個問題，我在工作坊中讓大家做以下的活動。

首先，請兩位志願者代表父母，並讓學員對他們說：「我比你們會賺錢，我的人生過得比較輕鬆。」每次進行這個活動時，有九成以上的人沒辦法自在地說出這兩句話。

如果我們比父母幸福快樂，過著更富足的生活，會感覺不舒服、甚至心有愧疚，這就是對父母忠誠的表現。我們即使不喜歡父母，也會有相同感受。**只要愧疚感**

還在，就會無意識地一直破壞自己。

舉例來說，如果父母婚姻不幸福，孩子容易無意識地拒絕更好的婚姻。如果父母沒有好好享受金錢，孩子也很難享受金錢。如果父母不成功，孩子也很難將自己推向成功。然而，我們的人生難道只能重複父母走過的軌跡嗎？後面的章節將深入探討這個話題。

以上談到的無意識態度沒有對錯，我們可以透過以下的問答，檢視自己對金錢抱有哪些無意識態度。**請閉上眼睛回想父母的人生，並將他們表現出的金錢態度寫下來：**

對父母來說，生活是否不容易？
賺錢對他們來說簡單嗎？
他們需要苦苦掙扎才能過好日子嗎？
父母能追逐自己的夢想嗎？
他們人生不快樂，從來沒機會好好享受人生嗎？

父母必須非常辛苦賺錢，才能使你接受良好教育，擁有更好人生嗎？

假設父母站在你面前，而你必須對他們說：「我比你們會賺錢，我的人生過得比較輕鬆。」請閉上眼睛感受一下，你可以自在地說出口，還是覺得不舒服或愧疚？

貪婪與恐懼，只會讓財富之路被制約！

如果希望人生一切都在自己掌控之下，那麼只能在房間放一口棺材，一輩子躺在裡面，因為死亡是唯一安全且必定會發生的事。

恐懼是身體的自動反應機制，像呼吸一樣自然，不用做任何事就會自動啟動，因為實際上它是用來保護我們。假設在野外散步的途中，我們突然看見一條蛇，會感到緊張，全身肌肉一下子收縮起來，這就是恐懼的表現。

戰鬥還是逃跑？

恐懼是如何運作？一旦大腦探測到危險，就會觸發恐懼的機制，造成身體產生變化，例如：瞳孔擴大以取得更多光線；皮膚血管收縮，向主要肌肉群輸送更多血液；腎上腺素上升，使身體充滿力量；與運動無關的系統（消化系統和免疫系統等）暫時關閉。如此一來，負責運動的系統便獲得更多能量。面臨種種危險狀況，身體會做好準備，並選擇要戰鬥或者逃跑。

這是一個很棒的機制：恐懼讓身體反應變得更靈敏、跑得更快、更有力量，因此人們能在面對危險狀況時，做出平常做不到的事。

每當我們感受到危險，都會觸動這個機制。恐懼是很自然的事，能讓身體更敏銳地處理危險，準備好面對挑戰。在人類的進化過程中，這套系統幫助我們規避各種危險。

當恐懼成為習慣，就會讓人生受限

我們會對各式各樣的事情感到恐懼，但如果把恐懼變成習慣就不自然了，因為那使人無法實現目標，人生格局變得愈來愈窄，而讓恐懼變成習慣，則出自於無意識的理由。

舉例來說，有個小孩曾被黑狗咬，從此當黑色的狗出現在眼前，就會感到害怕。他的恐懼來自於舊有的經驗和信念。

每個人恐懼的事物都不同，也許來自於不認同自己、缺乏自信、害怕別人的批判和意見，也可能是受到父母的習慣影響。有人害怕沒達成目標會丟盡顏面，有人則害怕賠錢、失去朋友。從結論來看，當有風險牽涉其中、無法確定結果時，就會感到焦慮、無法行動。

如果想在事業上達到較高的目標，就一定會涉及風險。可能是市場不景氣導致利潤下滑，可能是遭逢不誠實的競爭對手，也可能是進行錯誤或不安全的投資，各種情況都可能發生。

沒有人希望遇到這些情況，但很多事情並非自己能夠控制。如果真的想要過著非常安全又有保障的生活，只有將事業維持得非常小才能掌控一切。而且，這種掌控往往虛幻又受限。

與恐懼和平相處

如果希望人生一切都在自己掌控之下，那麼只能在房間放一口棺材，一輩子躺在裡面，因為死亡是唯一安全且必定會發生的事。儘管其他的一切事物都無法確定，但正因為這種不確定性，人生才變得豐富又有趣。

成功者不會想改變不在自己控制範圍內的事，而是選擇與恐懼和平相處。就像拳擊手必須做好心理準備，允許自己被打昏的可能性發生，否則無法上場與人戰鬥。

醫學上的「帶病生存」也是類似道理。糖尿病、高血壓等慢性病無法治癒，但如果能配合醫生的治療、接受終生服藥，接下來的生活便能保持較好的品質。恐懼也是如此，我們能做的只有在陰天時準備好雨傘。

你的人生中有這樣的狀況嗎？也許在事業上想跨出新的一步，或是想開創新事業及全新生活，但它們讓你覺得面臨風險、心裡沒有底。**接下來，請靜心想想你煩惱或恐懼的事物，並問自己：**

那些風險發生的可能性有多高？
難道是人生的終結嗎？
它真的是人生中最重要的事嗎？
如果最糟狀況真的發生，會像想像中那麼糟糕嗎？
就算它真的很糟，是暫時還是永久？
你該怎麼面對、怎麼解決呢？

傾聽完內心的聲音後，請務必記住：**成功者允許最壞的結果發生。**

只要改變3種說法，你就能引發自己變有錢的體質

說出「問題」和「困難」時，等於幫自己貼上沉重的標籤，但從客觀的角度來看，它們其實只是語詞。

解決問題是大腦的職責之一，因此大腦必須時時留意哪裡出錯，而且解決完一個問題後，會立刻掃描、尋找下個目標。假設某個公司的人資部門解決完人事問題，可能會接著想：「已經解決人手短缺的問題，看看還有什麼問題要解決？」

擔心或抱怨是大腦特別的傾向，讓人無意識中專注於負面圖像，還會吸取正面能量。如果每天一睜眼就要面對問題與麻煩，會令人感到壓力與焦慮。

你的恐懼或擔心是什麼？

為了找出恐懼與擔心，你可以閉上眼睛，想想這幾天一直盤踞在腦海的問題，它肯定是你不喜歡、覺得困難的事情，可能是大麻煩，也可能是芝麻小事。

當你回想時，身體感覺如何呢？
你想到某個困難或問題時，身體是沉重還是輕盈？
你處理問題時，是抱持樂觀還是悲觀的態度？
你覺得問題是困難還是簡單？

回想完後睜開眼，找一位夥伴傾聽。此時請留意是否有個聲音說：「我希望別人來找我。」接著，對夥伴訴說這些問題。夥伴只需靜靜地傾聽即可。

請把所有的恐懼都講出來，包括你擔心事情會出什麼錯、害怕遇到什麼樣的困難。你在傾訴的時候，大腦相當享受，所以會發現自己可以一直講下去。

改變三個詞，改變能量場

訴說內心的擔憂時，若使用不同的詞語又如何呢？請將前文的問題再說一遍，但是改變以下三個詞：

- 將「問題」改為「情況」。
- 將「困難」改為「挑戰」。
- 將「但是」改為「而且」。

請特別留意，跟前一次相比，覺得心情變沉重還是輕盈，事情變得更簡單還是更困難？尋找解決方法時，是更樂觀還是更悲觀？

說出「問題」和「困難」時，等於幫自己貼上沉重的標籤，但從客觀的角度來看，它們其實只是語詞。**得到不理想的結果是事實，但可以選擇在事實上面貼不同的標籤**。如果貼上「失敗」標籤，無意識就會影響情緒。

愛迪生做了成千上萬的實驗，才讓燈泡亮起來，尚未成功前，他的妻子、同事都受不了他。某個同事對他說：「你為什麼不面對失敗？放棄實驗吧！你做那麼多次實驗都失敗了。」但是愛迪生說：「我沒有失敗，我只是發現一萬種行不通的方法。」這種想法讓他有繼續努力下去的能量。

恐懼往往來自貼上的負面標籤，它們甚至會帶來沉重能量，所以可以嘗試不以「困難、失敗」的視角看待事物，而是想成「挑戰」。此外，「但是」也是一種拒絕的形式，改成「而且」會帶來截然不同的心情。

如果覺得身處某個情境會感到痛苦，事情一定會變得更困難；如果覺得它是一個挑戰，便能從中學到更多東西，事情也會變簡單。雖然面臨的情況相同，不同的態度會造成不一樣的結果。

你的職場生涯與事業，一路上有人支持嗎？

我們太容易把家人的支持當作理所當然。很多人認為：「我追求目標是為了賺錢，給家人過更好的生活。」然而，家人有時需要的不是錢，而是尊重。

我們身處的社會中，沒有人是一座孤島。追求目標的過程往往會受到很多人和不同因素影響，其中包括賦予無意識態度的父母，以及伴侶、孩子和同事。他們可能扮演支持的角色，也可能處處限制。

你與目標之間還隔著什麼？

在工作坊中，我曾幫助一位女性，整理她追求目標時受到什麼阻力。那位女性為了提供家人更優渥的物質條件，拚命努力上班、辛苦加班，卻沒得到家人足夠的支持和理解。

她的丈夫覺得：「如果妻子太能幹，將來的成就遠遠超越自己，豈不是會另尋新歡？」於是雙手按住她的肩膀。

她的父母心想：「女人就該在家照顧孩子和丈夫，有必要出去拋頭露面嗎？萬一投入事業的錢無法回收怎麼辦？」於是雙親各自拉住她的一隻手臂。

她的孩子認為：「媽媽一天到晚都在上班，從來不陪我，也不參加家長會。媽媽心裡沒有我，不愛我了。」於是上前抱住她的一條腿。

她的同事暗想：「每天交辦那麼繁重的任務，卻從不體恤員工和部屬，遇到小事就大呼小叫，從來不予以尊重，乾脆故意搗亂。」於是也上前抱住她的另一條腿。

那位女性沒日沒夜地上班，身體愈來愈差，最終倒下了。雖然目標就在不遠處，但眼前所有的結果都證實：目標不僅無法實現，還消耗大量能量。

當某個人非常專注於追求目標時，伴侶可能覺得被忽略，而脫口說出：「你花在工作上的時間比陪我還多」，或者擔心伴侶事業成功、變富有後，會去找更好的人。一旦伴侶心中出現這種想法，便可能無意識地破壞、吸取能量。

站在孩子的立場來看，可能因為得不到陪伴和關注而感到不安。如果孩子覺得被忽略，可能會心想：「我希望你多花點時間在家裡陪我。」這時，他們也許會耍性子以吸引注意力。

此外，事業必須倚賴員工、同事和投資人的支援才能壯大。如果凡事親力親為，規模反而可能變小，而且工作夥伴若覺得沒被尊重，或是覺得被利用，也會無意識地暗中破壞。

最重要的是身體健康。如果只專注於事業目標，一心想著：「我要戰鬥，要努力實現目標」，而忽略身體的控訴，就很有可能會生病、出意外，身心皆感到筋疲力竭。

愛和尊重才能得到支持的能量

許多研究表明，大部分的成功取決於EQ而非IQ。同樣地，財務的成功只有十五%取決於IQ以及專業知識，另外八五%來自人際技能，包括EQ和BQ❷。一般所熟知的自我管理、自我瞭解，以及同理心都算在EQ當中。

如果不理解人生的其他部分而輕忽它們，事業就會在無意識中遭到破壞。許多經營者苦於無法擴大經營公司，是因為讓員工覺得自己被當作利用工具。事業是由員工支撐，如果老闆只對目標、金錢感興趣，讓員工覺得沒被欣賞、被看見，又怎麼能得到員工的全力支持呢？

對家人也是如此，我們太容易把家人的支持當作理所當然。很多人認為：「我追求目標是為了賺錢，給家人過更好的生活。」然而，家人有時需要的不是錢，而是尊重。

❷ Body Quotient，譯為身體商數，簡稱體商，指活動、運動等能力的量化標準。

為了找到阻擋目標的絆腳石，請靜下心與自己對話，並思考以下的問題，也許會產生與之前截然不同的想法：

想一想是什麼拖住你，讓你無法達成目標？

你的家人（不只原生家庭，還有現在的家庭）支持你嗎？

你是否對家人說過：「你們是我最重要的人，我愛你們也離不開你們，我希望得到你們的支持和理解。」

需要部屬承擔責任時會如何表達？若你是部屬，會想聽到以下哪種？

- 「我想讓你多做點」、「我要你為我多做點」、「我要你負責這幾個項目」。
- 「我覺得你在這方面更有潛力，你覺得自己可以在這些領域負起更多責任嗎？我覺得你做得到。」

本節開頭案例中提到的女性，在靜下心與自己對話後，仔細回想過去的行為，看見自己的傲慢，也認知到其他人有不同的價值觀。從此之後，她更真誠地表達自己的愛意和尊重，家人和同事也給予真誠地理解和祝福。

在壓制轉為後盾後，她感覺自己充滿能量。相信她有了這股強大的支持力量，很快就能實現目標。

練習 2

發掘態度如何影響你與金錢的關係

你對錢的無意識態度，會不會影響與金錢的關係？又是如何影響？我們可以透過以下的練習，呈現自己與錢的關係。

首先，請找一個人代表金錢。代表金錢的人不需要做任何反應，只要複述他聽到的一切即可。接著，請透過以下問題，誠實地說出自己對金錢的態度。

目前為止，我對你（金錢）的無意識態度是＿＿＿＿＿＿＿＿＿＿。

講完之後，可以閉上眼睛感受這些話如何影響能量。

它們讓自己變得沉重還是輕盈？

一想到未來要賺很多錢，覺得簡單還是困難？更樂觀還是悲觀？

代表金錢的人複述完之後，是想向前移動還是往後退？

這個練習可以幫助我們明瞭：無意識態度如何影響自己的感覺、能量，以及與金錢的關係。

在練習時，有些人會出現看似溫馨的動作。某次有位學員擁抱了代表錢的夥伴，看起來好像與金錢有良好的關係，但他實際上只想緊緊抓住錢，希望錢永遠不要離開，這就是那位學員對錢的無意識態度。如果沒有準備好讓金錢流動，一旦錢離開，必然會感到焦慮難耐。

接受父母真實的樣貌，把盲目忠誠的愛轉化為光明理性，這也代表自己真的從小孩成長為大人。《暮光之城》的貝拉曾說：「童年不是從出生到某個特定年紀，而是到了某個年紀，孩子成長並拋棄孩子氣。」

第3章

別刻意與父母走不同的路，因為借力使力賺更多！

你的理財觀，在潛移默化中受到父母影響！

我們大腦裡的許多思想和觀念，會影響我們的判斷、選擇及行事作風。事實上，這些都是小時候無意識受到父母影響而來。

在章節，我想說說自己的人生故事。也許有人聽過，但請容我再說一次。

我和我的父親

我非常愛我的父親，不過他作為一個生意人卻非常糟糕。雖然父親來自富裕的家庭，也做過很多生意，但他總是一再賠錢，最後全部都失敗，變得一無所有。

很幸運地，學校課程對我來說很容易，不過翻看以往學校成績單，會發現一個規律：前半學年我一定是班上第一名，但到下半學年變成第二、第三名，甚至是第四名，我未曾在學年結束時還是維持第一名。

在運動上也是如此，我永遠會阻止自己做到最好。如今我還清楚記得好幾個羞愧的場面。有一次，我代表學校參加賽跑，明明一開始領先，耳邊傳來許多同學的歡呼聲，眼看終點線就在眼前，我心想：「第一名是我的了」，但沒想到下一秒竟然跌倒。不只跑步，游泳比賽也發生過類似的情形。

當時我完全不能理解為什麼會這樣。直到多年後，我檢視自己身上的無意識時，才理解這是父親對我無意識的影響。

因為父親在事業上從未成功，所以我在無意識中也不允許自己成功。當時我完全沒有察覺這一切，因此總是莫名其妙地用各種方法阻撓自己。

不過，一旦理解這些無意識後，便可以進行有效清理。我告訴自己：「阻撓自己取得成功對父親沒有幫助，更何況如果真的愛他，應該把他賦予我的生命發揮到極致。」從此之後，我再也不會自我破壞，而是讓自已做到最好。

我們大腦裡的許多思想和觀念，會影響我們的判斷、選擇及行事作風。事實上，這些都是小時候無意識受到父母影響而來。

「我有點像你」

我們可以透過以下方法，檢查自己究竟和父母有多麼相像。請拿出紙筆，寫下父母的特點、態度、習慣，還有你對他們的抱怨和批判，以及惱火、欽佩和尊敬的地方。

寫完後從頭到尾一項項檢查，並反問自己：「我是不是也是這樣？」並於回答「是」的地方打圈。發現了嗎？我們和父母有多麼像！不過，我們難道只能重複父母的人生軌跡嗎？當然不是。

科學家發現，只要找到自己舊的神經通路（包括舊習、惡習等），並加以改善，就可以改變大腦的運行方式，創造新的神經通路。不管幾歲，都可以改變思考模式及無意識的運作。

我們還可以用以下這句話讓自己釋放。請想像自己對父母說：「我有點像你。」一旦接受自己無意識中和父母相像的事實，就能有意識地選擇哪些習慣或態度可以保留，哪些要收進角落、哪些應該丟棄。

不要對抗或判斷，只需要承認：「原來我和父親如此相像」、「原來我這麼像母親。」有這種意識後會發生改變，得以開始區別自我與父母，而且也會擁有與父母完全不同的財務狀況。

我曾經刻意與父母走不同的路，結果……

他是妳的父親，妳無法換掉他，唯一能做的是成長，掙脫心底的無意識，才能開始自由地享受人生。

我們每個人的內在都有空缺，因為小時候沒有確實得到愛和尊重，自己真實的樣子也不被接受或尊重。

孩子的這些需求很少獲得滿足。取而代之地，從父母身上接收到的訊息是：「必須成為父母希望的樣子，必須活出父母的期待才會被愛。」

我們一旦認為自身沒有價值，想透過他人的評價與表現來證實自己，會造成內在有部分空缺，且試著用很多方法去填補。例如：求助其他能幫自己填補空缺的人。因此，很多人常無意識地在心中吶喊：「請你讓我感受到愛」、「請你讓我覺得受到尊重」、「請你讓我感覺自己很重要、被需要」。在人生當中，我們總是希望能讓別人印象深刻。

此外，也有人用食物、權力或者金錢來填補空缺，但是**沒有任何東西可以填補心中的空缺，唯有自己才能填補**。首先我們必須承認，自己沒有看重、尊重自己，才會做出這些行為。

女孩不值得擁有足夠金錢，過舒適生活？

我認識一位女性用盡各種辦法，仍無法與金錢建立良好的連結。某次，她來到我的課堂，問的第一個問題是：「我和弟弟一起來的，我想替他請問一下……。」我立刻打斷她：「先說一說妳自己吧。」

我能感覺到，她無意識裡覺得自己不重要，而且對這一點非常生氣。**無意識潛藏**

在內心底層，而它的存在都有跡可循，除非我們看到它，否則人生將一直被它主宰。

那位女性的發言證實我的感受。她一直希望得到父親的認同和重視，但因為身為女孩，從來沒有得到父親的肯定。她當然會感到生氣，因為當還是小女孩時，自己真實的樣子就從未被接受。她覺得自己像個受害者，經常自怨自艾地想：「我很可憐，不值得擁有充分金錢來過舒適生活。」

過去大家都未曾質疑重男輕女的問題，所以這種想法一代代傳承下去。那位女性的爸爸從小就是這麼被教育，在父輩或是更早一輩，大家都相信這個觀念，甚至到現在，仍然有很多人深受這個觀念影響，使得女性無意識地相信：「我不值得，因為我身為女性。」

我告訴那位女性：「妳父親就是這個樣子，這是他從小學習到的觀念，他對待每個女人都一樣，不是特別針對妳。他是妳的父親，妳無法換掉他，唯一能做的是成長，掙脫心底的無意識，才能開始自由地享受人生。」

其實，那位女性的父親相當愛她，只是用不一樣的方式。她的父親沒有因為她是女孩而把她送走，只是在無意識中緊緊抓著舊規矩。我提醒她看到這個更大的圖像，父親用自己的方式保護女兒。

現在，輪到那位女性做出選擇，她可以繼續生父親的氣、憎恨他，讓自己待在痛苦中，或者退一步去看更大的全貌，而不再是用孩子的眼睛。我知道這非常不容易，因為她二十多年來一直活在受害者的故事中。

父母對我們的影響甚鉅，當我們憎恨父母，也等於否定一部分的自己、削弱自己的力量。相反地，如果選擇成長，則會建立新的神經通路。

「購物狂」不會得到真正滿足

我認識一位四十多歲的男性花錢如流水，喜歡買很多用不到的東西，而且無法控制購物的欲望，他總是為此感到苦惱。

當我們明知不需要，卻仍衝動購物時，其實並不會得到真正的滿足。把自己變成「購物狂」，只是為了追求片刻的歡愉，很明顯地，這是利用金錢填補自己內在的空缺。

我問那位男性：「你小時候發生過什麼事？覺得有受到父母尊重嗎？還是你覺得自己必須做得更好才能得到認同？」他說自己是家裡四個小孩中唯一的男孩，小時候家境不好，母親非常嚴厲，幾乎沒有稱讚過他。

現在仍有許多傳統家庭，會發生女孩受到忽視、男孩承擔過重責任的情形。無意識中，**女孩認為男孩是父母的最愛，但事實上男孩的處境也很困難，因為父母的期待全部都放在男孩身上。**

但是對一個小男孩來說，要滿足這些期待相當困難，畢竟不可能靠著一個小男孩拯救整個家庭。所以，他在備受期待的同時，無意識中接收到的訊息就是「我不夠好」。

許多父母會對孩子採取嚴厲的管教，但是孩子很難看到管教背後的原貌，只會看到：「媽媽沒有認同我，她對我嚴厲代表我做得不夠好」、「我要做得更好才能得到媽媽的肯定」。

孩子身上背負許多期待，同時也承受巨大的壓力。然而，如果已經努力嘗試、用盡全力，仍然無法得到母親的認同，內心就會產生空缺。

讓我們回到購物狂男性的故事。即使他在過去一直都非常負責、竭盡所能地取得好表現，還是無法得到父母的肯定。因此，「我不夠好」的訊息開始主宰他的人生，讓他養成藉由購物尋求慰藉的習慣。

究竟為何父母沒辦法認同孩子？因為，**父母如果在小時候不曾得到愛，就不知道如何愛自己的孩子**。這不是孩子的錯，但孩子花一輩子的時間，只為了爭取父母的肯定，甚至因而犧牲幸福快樂，這樣真的合理嗎？

我告訴那位男性：「你母親的確很嚴厲，但不代表沒有認同你。這也許是因為她沒辦法用其他方式表達，但那與你無關。所以，現在請告訴小時候的自己：『你已經夠好了』。」

他閉上眼睛，沉默了一陣子，一字一句地念著：「你已經夠好了，你對我來說非常有價值、非常重要。」幾分鐘後，他告訴我內心變得輕鬆不少，我知道這表示他改變了舊有的神經通路。

你是購物狂嗎？下一次當想購物的衝動又找上門時，請先停下來感受內在的小孩，去尊重並認同他，對他說：「嘿，你已經做得夠好了，我認同你！」接著，再看看你是不是真的需要買那樣東西。如果還是真的需要，就去買吧。

父母給的愛，源於自己的兒時經驗

大江健三郎是日本知名作家，文學成就很高，曾榮獲諾貝爾文學獎，但最讓我感動的是他與兒子大江光的故事。

雖然大江光的智力遠低於同齡孩子，但一點都不影響父母對他的愛。舉例來說，大江光受不了學校同學的噪音，大江健三郎和妻子就把他接回家。大江光對鳥叫聲特別敏感，於是便引導和栽培他往音樂的道路前進。終於，大江光在音樂上展現才華，成為一名作曲家。連世界級指揮家小澤征爾，都誇他的音樂有安撫、鼓舞人心的力量。

大江健三郎顯然是位非常有愛心的父親，如果進一步回溯他的家族，會發現大江健三郎的父母也非常愛自己的孩子。可以從大江健三郎的作品中，看出他小時候與父母的關係。

大江健三郎曾經因為厭倦上學，拿著植物圖鑑到森林去認識植物，結果卻不幸迷路，三天後才被人發現，而且回到家竟生了一場大病。但是，他的父母完全沒有責罵，而是細心地在旁呵護照顧。此外，因為聽聞大江健三郎說自己當不了名人，他的父親便特意帶他到當地名人的家裡，感受成為名人後的生活環境。我們可以從這些實例推斷，大江健三郎能如此愛孩子，是因為自己從小得到父母滿滿的愛。

我見過很多人一生汲汲營營，卻始終無法享受金錢帶來的舒適和美好，真相源於與父母的糾葛。因為許多人希望藉由賺錢能力，向父母證明自己的價值，獲得父母的肯定。

接納真實的父親

你瞭解及接受自己的父親嗎？請閉上眼睛，想像父親現在站在右手邊，如果他在小時候就離開，請想像心目中的父親形象。

當感受父親站在右手邊，可能會有一些感覺湧上心頭，也許是拒絕、抱怨，甚至難過。請暫且放下這些情緒，體驗一下成為自己的父親，如果有任何批判、抱怨的情緒，就沒有辦法成為他。

深呼吸，往右邊跨出一步，進入父親的角色，不要拒絕也不要批判，只是試著成為他。**感受父親習慣擺的姿勢，盡可能成為小時候記憶裡的他，而非現在的樣子，並問自己：**

父親如何站立、抬頭的姿勢為何、何時會笑、何時會發怒？

他屬於自信、堅強的類型，還是軟弱、沒有安全感？

他是踏實、嚴謹、自制，還是很愛掌控？

父親有情緒時，會表達還是隱藏？

最常見的負面情緒是憤怒、沮喪還是哀傷？

他常感覺毫無希望、很無助嗎？

接下來，請用父親的姿勢走動，完全依照他的方式和速度走，請一邊步行，一邊繼續問自己：

父親覺得自己比別人優越嗎，還是覺得低人一等？
他會把一切藏在心裡，還是很敞開、很友善？
他如何看別人，是信任別人，還是小心謹慎、只相信自己？
父親對世界整體的看法是什麼？
覺得生活和人生很艱難、必須奮鬥掙扎，或者認為很容易？
他喜歡掌握一切，還是很隨和？
他是享受人生，或者覺得人生充滿問題和責任？
父親對錢的感覺又是如何，賺錢是否伴隨焦慮和掙扎？
他是守財奴，還是大方用錢？
他會把錢花在自己身上並享受其中嗎？
他對富翁有什麼看法，會信任有錢人，還是對有錢人充滿批判？
他覺得社會對有錢人的看法是什麼？

他與有錢人相處自在嗎，或者鄙視錢？
從父親平時的表現來看，他覺得自己是成功還是失敗？
成功與面子對他來說重要嗎？
他認為成功會反映面子嗎？
他覺得成功人士是更重要的人嗎？
另外，父親對冒險有什麼看法？
他會為了賺大錢而冒險，或者表現得比較謹慎？
他覺得守規矩、負責的人比較好，還是喜歡不按規矩辦事？
父親對為興趣而輟學的人有什麼看法？
如果兒女也做同樣的事，他會有什麼看法？會不會覺得不負責任？
他對我有什麼期待、希望你成為什麼樣子？

請感受你的父親，包括臉上的表情、姿勢、能量，以及對錢和成功的態度。他是你成長過程中的重要人物之一，你在無意識中承接很多他的態度、想法、表達方式和行事方法。

請大方承認這一點：你的父親會成為現在的樣子，有充分的理由，也許受原生家庭影響，而與他的父母親相似。

現在請深呼吸，往左邊跨一步，恢復成自己。感受自己成為父親時，身體的哪一部分緊繃？也許是胸膛，也許是下巴，請緩緩鬆開來。他是你父親的事實永遠不會變，但不必跟他一樣。

再次向右邊跨出一步，回到父親的角色，感受自己與父親的不同。感受父親的身體姿勢、能量及態度。不要批判而是成為他。以上的行為只是認同的方式之一，請承認自己在無意識中與父親有多麼相像。

再次往左邊跨回一步，回到自己，然後找一位夥伴。你與對方面對面坐下，並對他訴說：「如果你認識我父親，就會理解為什麼我會有這種特質。」不用多做解釋、不用講故事，只是簡單的一句話。

然後，對方也以同樣的句型，說出自己與父親類似的特質。兩人輪流講出特質，釐清自己從父親身上承接什麼。閉上眼睛仔細感受：「原來我的那些特質都是從父親身上接收，原本以為是我的想法和態度，但其實是來自於父親。」

現在回想過去的自己，是否曾像孩子一樣無意識地恐懼：如果我不像父親、沒有活出父親的期望，就會與父親沒有連結。

實際上，我們不一定要和父親一樣，才能與他有所連接、得到認同。你是他的孩子，這樣的連結已經足夠，你永遠不可能失去這個連結。

有意識地看到自己跟父親的相異之處，讓大腦去理解，進而建立新的神經通路。也許它很纖細，但至少開始產生改變。

不論父母的智慧或財產，都是你借力使力的機會！

如果我們有足夠的勇氣能誠實面對自己，就會發現：抱怨和拒絕父母的背後，是一顆充滿渴望的心。

正如前文所述，我們的生命一半來自父親、一半來自母親，如果無法接受父母，代表無法接受自己。如此一來，便容易削弱自己、讓自己變得軟弱。世上沒有完美的人，當然也沒有完美的父母。

與金錢的關係代表與母親的關係

我看過很多對父母說「不」的人，他們在世上感到孤立無援、疲累不堪。我的某個學員也是如此，她的工作很累、收入卻很少，與金錢的關係相當不好。

多數情況下，與金錢的關係代表跟母親的關係。我直接了當地告訴那位學員：「妳應當感謝妳的母親，她的身上有解決方法。」她沉默良久後說，母親患有精神疾病，她從未跟別人提起母親，而且害怕自己某天會變得像母親一樣。

她的回答解開我心中的疑惑。在工作坊期間，她身上帶有強烈疏離感，很難讓人靠近。因為，**當一個人有所隱瞞時，會令人感覺到距離感；如果一個人很誠實、真誠，會與周圍的人產生良好的連結。**

長久以來，她對母親抱持委屈和羞恥的態度，所以拚命守著這個祕密，甚至害怕變得與母親一樣。這一切帶給她太大壓力，內心變得愈來愈沉重。

但是，只要她持續將母親推開，會變得和母親愈來愈相像。這個道理像是你愈拒絕某樣東西，反而給它愈多能量。所以許多人才會說，**小心選擇敵人，因為若投注太**

多焦點，反而會和敵人變得愈來愈像。

這位學員的母親會患有精神疾病，是因為她的家族發生某些事，造成創傷，從此背負沉重負擔。母親並非自願患病，所以這不是件羞恥的事，子女必須要從這個層面理解和尊重母親，否則會背負相同的重擔。

這位學員必須對母親說：「謝謝妳成為我母親」，內在才會真正得到放鬆，建立新的神經通路，脫離命運的迴圈，進而獲得健康、純淨的力量。

對真實的母親說「是」

如果我們有足夠的勇氣能誠實面對自己，就會發現：抱怨和拒絕父母的背後，是一顆充滿渴望的心。很多時候，孩子迫切地渴望得到父母的認同與愛，但是父母親不理會也不理解，甚至用自以為是的方法傷害孩子。

有位男性因為岳父去世而傷心不已，希望我能給予他支持。令人費解的是，岳父對他來說是新加入的家庭成員，我卻從他身上發現一股超乎常理的悲傷。我想他應該是把對父親的感覺投射到岳父身上。我問：「你跟父親之間發生什麼事？」他聽完我的話，淚水瞬間湧出。他父親與普世認定的好父親完全相反，時常對他拳打腳踢。

追溯他父親的童年，得知他父親出生時被算命師說命中剋父母，所以從小就被粗暴對待。他父親結婚生子後，也用同樣方式對待自己的孩子，是世人眼中暴力、愛享樂、不養家，還經常打罵妻兒的劣質父親。

那位男性告訴我：「三十歲以前所有噩夢都與父親的暴力、母親的痛哭有關，我跟父親一點都不像。」然而，我能感受出來他身上帶有暴力的能量。

他雖然拚盡全力不讓自己像父親，但命運就是這麼殘酷，愈是拒絕和掙扎，和對方愈相像。除非先承認：「沒錯，我的這一點和你很相像」，不然什麼都無法改變。與此同時，還要承認父親施加的暴力：「你是我父親，而且擁有力量，我只是個孩子。我同意你想打我，因為你是我的父親。」

這些話乍聽之下非常不合理，卻相當重要。父親行使暴力是事實，過去發生的事也無法改變，如果仍然停留在批判，只會背負著憎恨，繼續活在受害者的陰影裡。相反地，如果願意接受事實，換個角度想：「我同意你運用父親的力量，但是我把所有的後果留給你」，就可以把所有後果、責任、負擔留給父親，在自己的人生道路上輕裝前行。

一直以來，我們對父母的憎恨被冠上非常合理的理由，像是和自己的理想不同、沒有給予愛與尊重。不過，**用傲慢或憤怒的態度對待父母固然容易，卻容易遺漏掉真相：父母背負重擔，或是從小沒被好好愛過，所以不知道如何給予，更無法給予。**

不論怎麼說，父母賦予生命的事實不會改變。如果能以開闊的心面對父母，便能改變對待他們的態度和模式。我們不一定要愛父母，也不需要認同他們的品格或性格，但是必須尊重他們現在的樣子，並認同賦予生命的事實。

當意識到這個事實，就會發生改變，可能做出完全不一樣、從來不會去做的事，這就是尋找真我的過程。請發掘與父母的區別，成為獨一無二的自己。

接納真實的母親

你瞭解及接受自己的母親嗎？請閉上眼睛，想像母親現在站在右手邊，如果她在小時候就離開，請想像心目中的母親形象。

當感受母親站在右手邊，可能會有一些感覺湧上心頭，也許是抗拒、批判，甚至憐憫。請暫且放下這些情緒，體驗一下成為自己的母親，以便學習更多關於內心的無意識。

深呼吸，往右邊跨一步，進入母親的角色，感受她的能量充斥在身體中。感受小時候記憶中的母親，而不是她現在的樣子。閉上眼睛問自己：

母親是沉重還是輕盈？

她的站姿是挺拔還是駝背？

她的頭如何抬起來？

感受母親的表情，看起來擔心還是焦慮、輕快還是哀傷、控制還是隨和？

她是忙碌、嚴厲還是柔和？

在腦袋裡面聽到母親的聲音，她最常講的是抱怨還是擔心？

對她來說什麼最重要？

睜開眼睛並保持呼吸。接下來，用母親的姿勢走動，完全依照她的方式和速度走，請一邊步行，一邊繼續問自己：

母親覺得自己比別人優越還是不如人？
她對這個世界的觀點是什麼？
母親享受人生還是生活太過忙碌？
她喜歡控制、支配別人，還是個性隨和？
她堅強還是軟弱？
家庭對母親來說重要嗎？對她來說最重要的事情是什麼？
她恐懼什麼？擔心別人的眼光嗎？
她是否擔心發生家庭悲劇？
母親對錢的態度是什麼？賺錢容易嗎？
她會將錢拿來自己享受嗎？
她對富翁有什麼看法？會道德批判有錢人嗎？

她會和有錢人做朋友，還是覺得不自在？
對母親來說，家庭與金錢哪一個比較重要？
她對於把時間花在追逐金錢，而非與家人相處，有什麼看法？
她會心想：「男人可以這樣做，女人不能這樣做」嗎？
她很高興擁有金錢嗎？
她會欣賞、感恩所擁有的金錢嗎？
母親對我的期待是什麼？
自己有多少信念來自於母親？

傾聽母親的聲音，特別是對人生與金錢的態度。**我們從母親身上承接許多信念，因為她是人生中的主要模範，在家裡的主宰地位甚至高過父親。**母親小時候學到的信念對她來說也許是對的，但你務必告訴自己：我不是母親。

現在請深呼吸，往左邊跨一步，恢復成自己。甩掉母親的能量，但不是與她作對。你感受到不同的能量嗎？覺得更沉重還是更輕盈？

找一位夥伴，與對方面對面坐下，並對他訴說：「如果你認識我母親，就會理解為什麼我會有這種特質。」不用多做解釋、不用講故事，只是簡單的一句話，例如：「如果你認識我母親，就會理解為什麼我覺得自己被事業與家庭拉扯。」

然後，對方也以同樣的句型，說出自己與母親類似的特質。兩人一人一句輪流講，釐清自己從母親身上承接什麼特質。閉上眼睛仔細感受：「原來我的那些特質都是從母親身上接收，原本以為是我的想法和態度，但其實是來自於母親。」

那些信念與特質會限制你，並且無意識地一直主宰人生，進而影響身上的能量。不要批判，可以試著當個客觀的科學家，找出哪些特質來自於母親。

家庭的經濟壓力，讓你對錢產生焦慮與不安？

當感到孤立無援、什麼都要自己來，並覺得很累、很掙扎時，代表把自己看得太重要。

世間萬物生長皆井然有序，若秩序反常則必生事端。家族系統排列的創始者海靈格說：「愛是秩序的一部分。秩序早已被排定，愛只可以在秩序的範圍內成長。人要回歸秩序，面對真相。」

我在多年的工作經歷中，看過許多人因為失序的愛而引發痛苦和淚水。這些人能幹、理智，而且見識廣博，能將大部分的事情處理得非常妥當，但是當他們完全依賴自己的大腦，希望成為真正的英雄時，反而在理性智慧的指引下，一步步讓愛走向失序，使自己的人生愈走愈坎坷。例如：拚命想拯救母親的傲慢兒子、全力負責弟弟人生的能幹大姐。

想當拯救母親的英雄，因而對錢感到焦慮

有一位年近四十的男士說，錢總是讓他感到壓抑，錢多的時候擔心失去，花錢又覺得焦慮。前文提過，對錢的焦慮通常來自童年。我問他：「你小時候發生過什麼事情？家裡有誰對錢感到焦慮？焦慮的感覺是從哪裡來？」他回答：「媽媽一直生病，經常處於失去意識的狀態，精神狀況時好時壞。」

我請一位學員扮演那位男士的母親，當扮演母親的學員接近他，我感覺到一股帶有沉重負擔的異樣能量。我問：「在你母親的家族中有人非正常死亡嗎？發生了什麼事？」

他說：「母親的兩個妹妹因為疾病和饑荒夭折了。」對小孩來說，兄弟姐妹的夭

折是重大的創傷事件，很可能導致無法享受接下來的人生。因為罪惡感作祟，小孩可能會心想：「他們死亡，而我卻活下來是不對的。」

我請兩位學員扮演夭折的兩個妹妹，並躺在扮演母親的學員身邊，母親的手馬上抓住妹妹的手。之後，扮演母親和妹妹的學員都表示自己感到輕鬆，但是那位男士卻開始劇烈地咳嗽。

孩子會無意識地承接父母的能量，正如那位男士無意識地說：「媽媽，讓我來代替你吧！」而且，因為母親的緣故，他和金錢的關係也發生問題。

等那位男士的情緒稍微平復，我問他：「你看著母親和她妹妹的互動後，有什麼感覺？」他回答：「很壓抑，我一直感受到死亡的壓力。」

為什麼會有這種感覺？因為那位男士想拯救她們，他的無意識一直說：「讓我來幫忙這件事！」但是他沒有權力這樣做。

母親非常想念妹妹，並為她們的過世感到難受。兒子必須尊重母親，如果他想要拯救並幫助母親，就是一種不尊重。

我告訴那位男士：「你母親背的這個重擔是她的尊嚴，即使是兒子也不能剝奪。她會背負一輩子，因為那是與姐妹的連結。她有權利擁有這種感覺，任何人都無法奪走。你想幫忙就等於不尊重她。」

我們在無意識中會專注於負面圖像，正如這位男士經常想著：「我必須拯救媽媽。」他的大腦認為這樣才是孝順，但真相是：他把自己看得太重要，因此覺得必須對母親負起責任，覺得自己比母親偉大。

父母是給予我們生命的人，從序位上來看，父母永遠比孩子更大，孩子必須尊重父母，而非插手干預。**一旦孩子抱持拯救父母的態度，可能會產生「自己孤立無援、什麼都要自己來」的想法**，實際上這種想法是自己創造出來的，因為把自己看得太重要。

我直視這位男士，慢慢地對他說：「看著你的母親，她經歷那麼多不順利的事，比你遇到更多糟糕的事，但還是繼續走下去。對你母親來說，跟著妹妹的步伐更簡單，但她還是選擇繼續活下來。」

我接著說：「你母親的精神狀況不穩定，這是她的應對方式。她忙於照顧家庭時，可以暫時忘記這份沉重的負擔，但是現在忙碌的事情變少，精神狀況又開始不穩定。你是否曾想過，精神問題也許就是她應對局面的方式。」

「她並不需要你拯救，而且有權利讓精神狀態不正常，因為妹妹的事對她來說是沒有離開過的夢魇。你必須尊重她的樣子，如果你不尊重，甚至執意幫助，不僅會使自己受苦，對方的感覺也不好。所以，你只能感覺到自己的渺小，並看見她度過艱困處境的堅強。此外，還要特別留意：她盡全力拉拔你長大。」

那位男士雙手緊緊壓著胸口，眼淚悄悄流下。我知道對一個忠誠、期望成為母親英雄的兒子來說，確實是非常艱難的選擇。

他硬咽地說：「我真的希望媽媽能過得更好，我想好好照顧她。」實際上，這種想法非常傲慢。我直接了當地說：「這麼想很傲慢，覺得自己可以取代你父親的位置。你是孩子，無法取代父親。」

我建議他可以對母親說：「謝謝妳盡全力留下來，我尊重妳對妹妹的愛。妳做得夠多了」，還可以向父親說：「媽媽與你結婚後，她就是你的責任。我只是個孩子，沒有辦法取代你。」那位男士頓了一下子後，輕輕地說：「我把照顧媽媽的責任還給爸爸。」

從「還」這個字可以看出來，那位男士還是沒把自己放在孩子的位置上。他覺得自己比父親還偉大，更懂得怎麼照顧母親，也就是說，他沒有接受自己的父親，這顯然是問題的來源之一。我打斷他說：「不是你的東西無法歸還，那個責任本就不在你的身上，遑論把責任還回去。」

孩子對父母有盲目、忠誠的愛，所以會無意識地阻止自己過得比父母幸福。但是我們必須知道，父母無法享受生命是他們的課題。如果真的想要幫助父母，反而更應該享受父母賦予我們的人生，用他們給的生命創造美好事物與價值，才不會讓他們受的苦白費。

聽起來簡單，做起來卻需要十足勇氣，因為有時候跟著父母受苦反而比較容易。總而言之，孩子只需要接受、享受生命的勇氣，然後對父母說謝謝，不用插手干預父母的人生。

那位男士不應該試圖改變自己的母親，而是要尊重母親不穩定的精神狀態，以及父母相處的方式。當這個想法在體內與血液裡運轉，便能開始看到完全不同的景象，也代表成功地改變很大的神經通路。如此一來，才能更自由地享受人生，不用再對錢焦慮。

把自己看得太重會破壞自己的生命力

很多家庭中，兄姐自動承擔照顧弟妹的工作。這樣的貼心小幫手可以為父母排解很多燃眉之急，而且家庭的美滿和睦，有很大一部分與兄弟姐妹互助有關。

舉例來說，美國經典小說《小婦人》（*Little Women*）中，二姐喬就善於照顧姐妹，經常為父母排憂解難。當在外工作的父親病重需要母親照顧時，她甚至賣掉自己的秀髮。

但是，照顧兄弟姐妹並不等於要負起像父母一樣的責任。如果有這種想法，也是把自己看得太重要，在無意識中破壞自己的生命力和能量。

有位女士的經濟狀況不錯，弟弟卻生活困窘。她幫過弟弟幾次，沒想到弟弟甚至開始借高利貸。她憂心忡忡地對我說：「我不能一直幫他，但又不能放任不管，我不知道怎麼辦？」

我見過非常多這樣的手足關係。兄姐照顧弟妹一家子，甚至買房子、養孩子。然而，兄姐沒有意識到的是，當他們給予的時候，其實會造成對方的負擔。

請回想一下，當別人送禮物或者請客吃飯，你的第一反應是什麼？是否也想要回報對方？像是回送禮物或回請一頓豐盛的晚餐，因為這樣會讓自己的感覺比較好。而且，直到回報對方之前，都感覺有負擔，心裡不斷有聲音告訴自己：「我欠對方人情。」

給予其實相對容易，還會讓我們自我感覺良好。但是，應該時時站在對方的角度，並充分理解：永遠作為接受的一方，感覺並不好。即使給予者的確在助人，但是付出的行為會令給予者看起來更大，反過來說，其實有一點在侮辱人。

回到上述姐弟的故事。那位女士無意識中一直認為：「弟弟沒有我就什麼都處理不了，我來幫弟弟。」但是，如果一味地採取「姐姐給予，弟弟接受」的模式，兩個人的關係便無法平衡，雙方都感到負擔。

我對那位女士說：「如果妳持續給予同一個人東西，一開始對方也許會開心，但是過一陣子後，當對方感覺有負擔，會開始抱怨或者要求更多。」

「姐姐不用對弟弟負責，但妳卻一直用這種方式對他負責。無意識中，也一併奪走了他的尊嚴。妳應該要理解：妳自認為的愛其實只是出自於愧疚，因為妳有錢而他沒有錢。」

那位女士一直覺得自己是盡職的大姐，聽了我的話後沉默良久，一句話都說不出來。畢竟真相常讓人難以接受。

為了讓那位女士更直觀地看到問題核心，我請一位志願者與她一起練習。他們面對面，雙手放鬆於身體兩側，眼睛看著對方，保持眼神連接，臉部面無表情，沒有講話，只是感覺對方。

我讓志願者對那位女士保持以下想法三分鐘：「我比妳懂，我知道什麼對妳好，我比妳成功，我比妳好……。」三分鐘後，我問那位女士感受如何，她感到不可思議地說：「對方竟然膽敢這麼想！」

儘管什麼話都沒有說，當心中存有優越的想法，其他人還是能隱約感受到。從上述活動可看出，**表現出自己比對方優秀的態度時，對方會感到憤怒、批判、被無視，而且沒有被理解與尊重。**

我問那位女士：「妳現在對弟弟有什麼感覺？想到什麼？誰該對他負責呢？」她哽咽地說：「我很抱歉，之前不知道自己的行為竟然帶來這種影響。」

其實，那位女士的弟弟很可能對她的行為感到憤怒，沒有予以尊重而不停地給予的行為，其實會讓人感到沒尊嚴。她弟弟說不定認為：姐姐憑什麼覺得比我還懂得怎麼過生活。

相對地，那位女士在無意識中承擔太多責任、把自己變得太重要。究竟誰要對她弟弟負責任？未成年時是父母，成年後就是本人。不過，從如今的姐弟關係可以看出，父母當初並沒有負起責任。

那位女士在無意識中覺得自己比父母能幹、有能力、懂得更多，所以才會越過父母去負責弟弟的人生。然而，她卻沒意識到自己不可能比父母更大，因為父母賦予她生命。

我們常忘記這一點，覺得凡事都是自己努力得來。我給那位女士的建議是：「把父母的責任還給父母，把弟弟的人生還給弟弟。」首先告訴弟弟：「我尊重你，你有理由將自己置於這種處境。我只是你的姐姐，不是法官或父母，沒有辦法為你的人生負責。」接著告訴父母：「我比你們好，我愛你們，謝謝你們。」

當感到孤立無援、什麼都要自己來，並覺得很累、很掙扎時，代表把自己看得太重要。其實，世上沒有人是孤單一人，花點時間感受一下，生命透過祖先一代代傳下來。

如果沒有感受到自己的渺小，就無法感受能量上的支持。當然，人難免覺得自己很重要，但這樣容易感到孤單。請想想看，有無數人曾經活過、死亡過，但有誰一一記得他們呢？你可以把自己當作很重要的人，但這樣會很孤獨。你也可以選擇承認自己的渺小，並享受人生。一切都由自己決定。

簡而言之，我們的職責是過自己的人生，而非替別人過他們的人生，那是他們的職責，沒有人能剝奪。

以下介紹一個簡單的活動，可以幫我們連結父母與祖先的力量，讓自己得到他們的支持。首先請分成三人一組，分別代表父親、母親和孩子。

孩子面向父母說：「我接受你們的樣子，那是你們的問題，和我沒有關係。感謝你們給予我生命，把獨有的特質和能力傳給我。」

孩子說完這些話後背對父母，父母把雙手放在孩子背部。孩子可以想像父母背後有長長的祖先隊伍，隊伍遙遠的後方有一團白色的生命之光，生命的能量透過祖先來到自己身上。孩子往前走兩步，父母的雙手離開孩子背部，孩子仍然感覺到身後整個家族的力量與支持。

練習3

向父母表達認同與感恩，療癒你內在的小孩

我們總是經常抱怨和期待，例如：為什麼主管總是帶有偏見、不認同我？為什麼伴侶不能無條件地包容我、愛我？

實際上，抱怨是小孩的把戲，就像我們小時候常埋怨父母，把對他們的期待投射到別人身上。然而，這只會讓自己感覺孤立無援，永遠無法得到滿足。接下來介紹的練習可用來探索自己的無意識，察覺自己對父母有什麼想法。

請想像與父母面對面，把對他們的批判、抱怨，毫無保留地說出來，並且告訴他們：「我尊重你們的樣子，也尊重你們對我的擔憂與顧慮，但是我還有更多不同的機會。謝謝你們給我的一切，讓我有機會能做不同的事情。我真的需要你們的支援。」

如果想得到父母的尊重，不用愛父母，也不用物質誘惑，或者拚命討好，而只需

要尊重。當人們感受到被尊重、認同，就會給予支持。

這個練習沒有對或錯，只是探索自己的內心。你的父母並不完美，但他們是父母，你的特質和能力都來自於他們。很多人以為自己可以獨立完成所有的事情，事實上並非如此。

大部分的父母選擇支持孩子，但如果孩子表現出拒絕的態度，父母很難給予支持。假如能用客觀的視角看待發生在自己身上的情況，並且用大人而非小孩的眼睛來看，代表內在的小孩成長了。

另外還有一個練習，有助於跟父母產生更近一步的連結。海靈格將這個練習運用在治療中，效果非常好。

想像父親或母親站在面前，並閉上雙眼，放下心中的傲慢和自大，讓自己保持謙卑和渺小，感覺自己像個需要父母的小孩。

我知道這並不容易，因為許多人可能對父母有很多的埋怨，而且腦中不斷湧出這種想法：「我學到非常多東西，我懂得比父母多，比他們能幹。」但請持續對自己說：「我渺小無助，只是個孩子。」

父母沒有辦法給孩子自己沒有的東西，所以持續抱怨並沒有意義，只要繼續站在對抗面，就會一直維持受害者的角色。

請試著感覺到自己的渺小，睜開眼睛並大聲地對父母說：「親愛的爸爸、媽媽，生命降臨到我身上是一份寶貴的禮物。謝謝你們給予我生命，你們不用再做其他的事。」然後對他們鞠躬以表示認同和感謝。父母賦予生命是事實，而生命就是最寶貴的禮物。

我們有時候確實無法喜歡父母，當然可以不愛他們，只需要接受他們的身分即可。孩子不需要也沒有權力評斷父母。

假如你能夠真誠且認真地進行這個練習，父母會感覺受到尊重，自己也會由衷地感到放鬆、更有力量。因為向父母表示認同與感激時，也認同自己的一半來自於他們，等於接受完整的自己。這個練習不是一蹴而就，需要多次嘗試，漸漸地就能看到效果。

如果過分埋怨父母，至今仍對他們的所作所為耿耿於懷，將持續與父母不健康地抗爭。對某些人來說，這可能非常困難，但請試著對父母說：「你是最適合我的爸爸、媽媽。」

這個練習有助於發現，**認同父母的過程中會被哪些無意識念頭打擾**。每一個念頭都有很好的理由，假如它們真的出現，只要注視它們，不用做任何判斷。其中有些是心中的創傷，有些是與父母抗爭的根源，而你必須放下，否則很難感受到完整力量，因為根基在動搖。

每個人都是生命的產物，生命當然想給予支援。但如果活在抱怨父母的陰影下，就很難得到支持，因為父母是與生命的連結。請想像自己與父母拉開距離，終於踏進自己的人生，並感受生命能量的支持。

感恩可以讓自己往前走，逐漸接近目標，好好地過自己的人生。當感覺疲累、孤立無援時，請捫心自問：是不是在抱怨父母？是不是太過傲慢？感恩充滿力量，而且不需要花費一毛錢，只需要放下一點驕傲和抱怨。

我很喜歡這個句子：「當屋頂燒毀，可以更清楚地看到月亮。」過量的壓力會成為身體的毒素，必須定期清理。成功從來不會誕生於重壓之下，只會在滋養和支持中發芽。

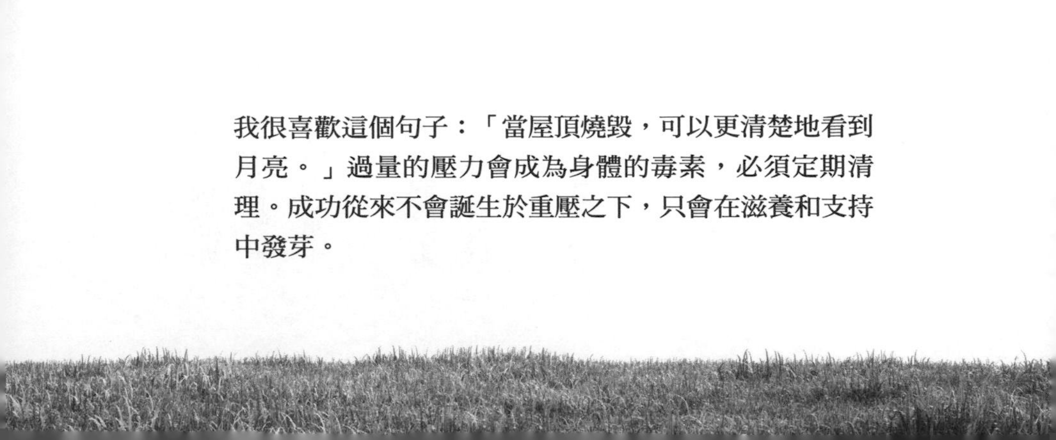

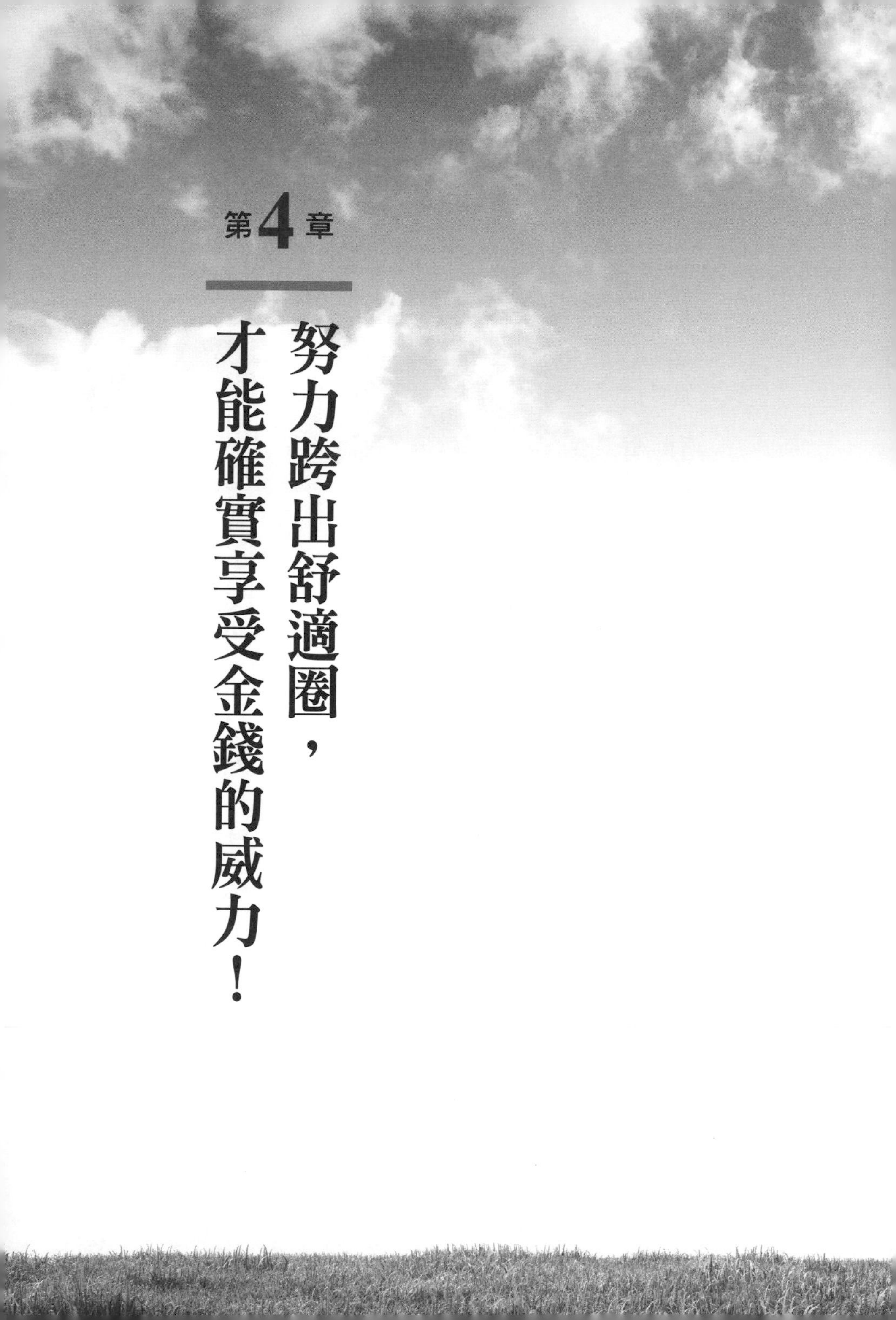

第4章

努力跨出舒適圈，才能確實享受金錢的威力！

13個問題幫你找到壓力源，訂立賺錢目標

我們要理解目標底下潛藏的想法為何，如果不理解，就會永遠處於壓力之中。總是害怕失敗，害怕別人怎麼想、怎麼說。一旦無意識中灌輸自己「我不能失敗」的觀念，壓力便會增加。

很多人相信「有壓力就有動力」，的確如此，有時候壓力可以讓我們爆發出超強的能量。因此，有人甚至故意「好心」地對別人或自己施加壓力。

壓力能讓人瞬間爆發超大能量

我們的身體一旦感覺到危險，會開啟「戰鬥或逃跑」的保護機制，讓身體變得更靈活、力氣更大、跑得更快。

某則報導說，有個小孩被卡在車子下面，他的母親為了救孩子，甚至將整輛車子抬起來。那時她的身體處於壓力的巔峰狀態，釋放出身體的「壓力荷爾蒙」（腎上腺素和皮質醇），幫助她面對危險。

身體的這種機制讓我們在危險狀況中，得以使用釋放出的壓力荷爾蒙。無論選擇逃跑還是戰鬥，都可以利用壓力荷爾蒙達成一般情況下無法做到的事情，之後身體便恢復到正常狀態。

太多的壓力並不是好事

只要大腦感覺受到威脅或壓力，會開始分泌壓力荷爾蒙。在遠古時代，人類的壓力幾乎來自肉體的威脅，但現代人的生活緊繃，壓力大多不是源於肉體的危險。

每當覺得沒面子、形象受到威脅，或者遭到拒絕、批評，大腦會感受到壓力，並將它當作一種威脅或危險。即使只是不被認同、上班快要遲到，或是路上塞車等，大腦都會感到威脅，於是身體開始分泌壓力荷爾蒙。

甚至在看電視時，大腦也感受到壓力或威脅。當新聞、球賽或電影中，有進球、特殊新聞、暴力的電影鏡頭，你是否會屏住呼吸、覺得肌肉開始收縮？儘管事情不是發生在自己身上，大腦還是把它視為威脅，身體也開始分泌壓力荷爾蒙。

即使一天之內發生很多次類似的情況，但我們很少察覺，更無法做出反應。舉例來說，假設被老闆批評，不能立即拍桌怒吼，更無法行使暴力，只能用深呼吸壓抑情緒。

很多時候，事情快得讓人難以察覺，這也代表每一次壓抑，體內都會積累壓力荷爾蒙。壓力荷爾蒙本來可以透過逃跑或戰鬥釋放，卻因為一再壓抑，而找不到抒發的窗口。

然而，滯留在身體裡的壓力荷爾蒙是有害的。已經有醫學實驗證明，許多病症與

無法釋放壓力有關。最常見的是慢性疲勞症候群，導致內分泌系統異常，進而影響免疫、中樞神經、運動、消化等多個系統。

壓力有時確實可以保護我們，並激發創造力和行動力，讓我們更成功。但是大部分情況下，太多壓力並不是好事，會使很多毒素殘留在體內而影響健康。

哪些壓力讓你無法訂立賺錢目標

在工作坊中，我讓學員寫下自己的目標，但是每次都有人無法下筆，因為他們的目標通常訂定得太大。如果能靈活運用自己的能量、智慧、創意，當然可以設定遠大目標。但是，目標太大也會產生太多壓力，過度渴望成功會使自己無法放鬆地盡情享受。

有位男士曾說，自己的夢想是為世界帶來更多價值，實際上，他是想透過這個夢想獲得成就感和價值。為什麼他覺得非要如此才會有價值？是誰在評判他的價值？我問這位男士：「你希望誰覺得你很有價值、很重要，並且以你為榮？」他回答：「我爸爸。」

這才是重點。我們要理解目標底下潛藏的想法為何，如果不理解，就會永遠處於壓力之中。總是害怕失敗，害怕別人怎麼想、怎麼說。一旦無意識中灌輸自己「我不能失敗」的觀念，壓力便會增加。

如同前文提到的那位男士，他小時候顯然沒有從父親身上找到認同，儘管他已經成功過很多次，內心還是覺得不夠滿足。一旦內在的小孩覺得不被認同，無論多麼努力都不夠。

很遺憾地，這位男士永遠得不到他最想要的認同，因為只有脫離內心潛藏的壓力，並用更積極的能量追求目標，人生才可能出現新的轉機。雖然有時會遭逢難題，但是終究會開始改變。

不過，我們仍有些辦法可以解決這些壓力。美國史丹佛大學的一位專家指出，人在大笑時，可以快速鍛鍊心肺、脊背和身軀，胳膊和腿部肌肉也會受到刺激。大笑後，血壓、心率和肌肉張力會降低，進而感到放鬆。

除了大笑之外還有運動，以及後面將介紹的好方法「動態靜心」（可參閱練習四），堅持練習或許有點困難，但真的非常管用。

你想知道自己的壓力有多大嗎？可以參考以下十三個問題，如果全部的回答都是肯定，表示你的壓力相當大，可能需要專業諮詢。

1. 你是否會因為細微的事而感到煩惱？
2. 你是否有點神經過敏？
3. 如果遇到阻礙，你是否感到不耐煩？
4. 你是否經常對事情反應過度？
5. 你是否容易心煩意亂？
6. 你是否容易受到刺激？
7. 你是否認為自己長期處於高警覺狀態？
8. 你是否容易被激怒？
9. 你是否很難讓自己安靜下來？
10. 受刺激後，你是否能平心靜氣？

11. 你是否難以放鬆？
12. 你是否經常忐忑不安？
13. 你是否難以忍受工作時遇到阻礙？

勇敢面對事業風險，焦慮與緊張就會煙消雲散

如果能鼓起勇氣面對各種狀況，焦慮便煙消雲散，因為焦慮來自於不願意坦然面對。在勇敢面對一切，把焦慮當作挑戰後，能量會立刻改變，而不是只身處在受害者的狀態。

如果事情一切順心如意，可以不需要做任何事，也不需要改變。但是當困難發生、遇到意想不到的狀況，或是出現不符合理想的問題時，才能得到更多體驗，並且真正地成長。

我們需要從不同角度看世界，擴大自己的視野，以尋找新的解決方法或是發掘

更好的創意，人是透過這些經歷才得以成長。如果沒有出現任何困難或問題，也許能過著平順的人生，卻也寡淡無趣。

當狀況不對時，其實是機會與挑戰

當發現事情不對勁，其實當中可能潛藏著機會與挑戰，這也是成功人士得以成功的關鍵之一。我很喜歡一句話：「當屋頂燒毀，可以更清楚地看到月亮。」

屋頂燒毀是一種狀況，也是需要面對的問題。可以抱持艱難又擔心的態度，也可以說：「哇，我從來沒有留意過月亮這麼美！」哪種態度會帶來更多能量？哪種態度讓人覺得更輕鬆？很顯然是第二種態度。

成功者不會拒絕挑戰，即使身處困境也會坦然接受。大家知道泰國商人施利華嗎？他在金融危機中破產。對商人來說，這是非常巨大的打擊，很多人因此一蹶不振，但他沒有將此視為人生末路，反而樂觀地說：「太好了！又可以重頭再來了！」施利華放下之前擁有的一切，從容地在街頭販賣三明治，並再次取得成功。

接受負面事實，不讓頭腦得逞

如同前文所說，如果想為事業訂定遠大的目標，當中必定藏有風險，可能發生許多意料之外的狀況。即使再怎麼祈求不要發生問題，很多事情仍然不是我們能控制。**在事情發生後，我們是選擇成為受害者，或是大方承認自己的失敗？一切都取決於自己的詮釋方式。**

假設錯過一班飛機，你可以像熱鍋上的螞蟻，任憑恐慌在大腦中肆虐，想像各種可能或不可能發生的景象，但這麼做無法解決任何問題。另一種選擇則是冷靜地接受事實，思考是否有其他解決辦法。

但是，大腦往往竭盡所能地把我們抓進各種負面情境，用各式各樣的問題消耗身體能量。這時，我們需要注意大腦的壞習慣，不能讓它得逞。

雖然的確出現麻煩，但是這會使我們死亡嗎？不，生命還在繼續進行。我們要把所有能量投注於全身，讓自己變得更有適應能力，而不是抱怨或恐懼。

我有位學員是成功的生意人，興建很多大型建築物、賺很多錢，同時壓力也非常大。後來，他轉換自己緊繃的情緒，釋然地想：「如果我損失一切，可以去當養鴨的農夫，我一直很憧憬那份工作。」因此，每當他準備蓋新的建築物時，會在心裡想：「我也許可以把鴨舍蓋在這裡。」不過，他的生意如日中天，養鴨夢只存在心中。

麻煩帶來的其實不只有災難，有時候事情完全失控、損失一切，反而給人生完全轉向的機會。

對焦慮說「是」，我們的能量立刻改變

你曾想過自己害怕什麼嗎？你可能怕沒達成目標會丟臉，也許怕賠錢或失去朋友，也許只是單純地感到害怕。以下是我整理學員常有的恐懼：

- 我的工作是幫人做專案，但是我害怕失敗而無法達成。
- 我和朋友一起投資某項事業，我怕投資失敗，同時失去金錢和友誼。
- 我花了一千多萬投資，害怕失敗讓我失去現在的一切財富。

- 我恐懼到異地開始新生活。
- 我恐懼生產後的幾年什麼也做不了，害怕自己無法回到職場。
- 我和別人談融資時心裡非常恐懼，很害怕向別人借錢。

當某件事情牽涉到風險、不確定結果時，容易感到焦慮與恐懼。這時，請想像可能發生的最糟情況，從無意識中挖出所有恐懼。風險可能是損失財產、人際關係、顏面、尊嚴，或者影響到自己的家庭。

重點不是希不希望這件事發生，而是如果發生了，願不願意面對、解決，或是冒險犯錯？假設最糟的狀況已經發生，可能會賠掉所有的財產、失去心愛的人，你仍然願意冒險嗎？

說「是」的時候，內在會發生什麼變化？內心的最深層是不是變得放鬆？即使一時無法表示肯定也沒關係，只不過如果不接受這些事情，將總是恐懼於沒有發生、但可能發生的事。

你發現了嗎？一旦說「是」，焦慮和緊張就會消失，因為恐懼源於你不希望它發生。然而，你沒辦法控制很多事情。**請在腦中想像自己認為的最糟糕狀況，並向自己提出以下問題：**

發生最糟情況的機率是多少？

如果真的發生，難道會成為人生的終結嗎？

會像之前想像得那麼糟糕嗎？

即使真的很糟，它是暫時還是永久？

你怎麼解決、怎麼存活、怎麼面對？

細細想過一輪之後，也許很多情況會跟著改變。現在感覺如何呢？是不是覺得少了焦慮、多了一點放鬆？

人生中有很多的焦慮，即使沒有被察覺，也會一直吸收能量。可以找一位夥伴，向他簡短地講述你最大的恐懼、可能出現的最糟糕狀況，以及如何面對問題。接著，把眼睛閉起來，感受對恐懼的焦慮與感覺。

另外，請想想看如果事情發生了，會從中得到什麼？當事情不順心時，我們往往發展出內在力量或新的資源，甚至是人生的全新方向。也許因為問題或恐懼，而發現自己變得更獨立、更有自信。

如果能鼓起勇氣面對各種狀況，焦慮便煙消雲散，因為焦慮來自於不願意坦然面對。在勇敢面對一切，把焦慮當作挑戰後，能量會立刻改變，而不是只身處在受害者的狀態。

對改變說「是」、停止埋怨，活力就會回來

改變一直都在，它有時是期望的樣子，但大多時候都跟想像中天差地遠。既然改變已經發生，無論做什麼都無力回天，我們可以將能量用於面對新狀況，甚至享受其中。

生命的本質不斷變化且充滿不確定性，接受生命的飄渺不定，才能勇敢地對改變說「是」，接納它帶來的一切漂浮。

舒適圈也是限制我們的監牢

每個人都有心理舒適圈，例如：每天在熟悉的家裡醒來、做一份得心應手的工作。在舒適圈中，我們感到舒服放鬆，然而一旦走出這個區域，便感到不舒服、不習慣，甚至焦慮不安。

這是自然現象，因為大腦習慣將過去的經驗投射到未來，而對明天一無所知。為此，我們想出各種辦法建立安全感，例如：各種商業合約、保險、證書等。不過，擁有愈多愈感到恐懼，因為擁有代表注定會失去。畢竟在死亡面前，任何東西都帶不走。

事實上，我們都遺漏一個重點：**舒適圈沒有那麼舒適。舒適的感覺源於熟悉感，會帶來安全的假象，反而成為監牢和限制。**

我記得有一位女士為了婚姻問題向我求助，她雖然多次下定決心要離開脾氣暴躁的丈夫，但總是在最後一刻失敗。我看到的真相遠比那位女士描述的境況複雜，受害者的身分是她的舒適圈，而施暴者則是她丈夫的舒適圈。沉浸舒適圈就像溫水煮青蛙的故事。青蛙若突然被丟入沸水中，還可能成功跳出來，但是若待在慢慢加熱的水鍋中，最終會被燙死。

成功者從來不害怕冒險，因為知道變化是生命的本質，儘管改變的方向與目標不符，仍然要用自己的能量去面對新的狀況。當然，也可以選擇像鴕鳥一樣把頭埋起來，期待一切最終回到正常軌道，不過這會讓人感到能量逐漸萎縮。

改變並不可怕，而且事情不一定總是朝著最糟糕的情況發展。如果能選擇跳出舒適圈，投入新的狀況，更有機會獲得真正的自由，能量也會再次聚集起來，有助於因應新的局面。

停止抱怨，找出那些令人滿意的部分

即使處於最困難的狀況中，只要用心觀察，仍會發現讓我們恢復信心和能量的事情。然而，如同前文所說，大腦習慣製造各種負面的想像，實在很難找到令人滿意的事物。不過，如果停止抱怨，準備好脫離大腦的支配，並敞開心胸迎接新生活，會發現每個困難當中，都潛藏滿足和美好的事物。

我們總是希望郊遊時天氣晴朗無風，但是當不幸地下起大雨，美好計畫瞬間泡湯時，心情難免變得鬱悶。不過，壞心情能讓雨停嗎？答案當然是否定的。

我非常欽佩南非總統納爾遜．羅利拉拉．曼德拉（Nelson Rolihlahla Mandela）。他曾經在監牢中飽受摧殘和折磨，過著地獄般的日子。他在多年後獲釋，性格竟從憤怒的造反者，變成安詳莊嚴的領袖。因為在監獄裡，他找到能滋養自己靈魂的東西，奇跡般地轉化成能量。

實際上，我們的人生只有一條路可以走，就是活在不安全當中。改變一直都在，它有時是期望的樣子，但大多時候都跟想像中天差地遠。既然改變已經發生，無論做什麼都無力回天，我們可以將能量用於面對新狀況，甚至享受其中。當然，也可以選擇削弱能量，把圍牆向內築，為自己建造更小的舒適圈。

恐懼和安全像孿生姐妹，總是結伴而行，沒有人知道下一刻會發生什麼。但是，一旦有意識地跨出舒適圈，踏上冒險旅程，活力和能量就會回來。

練習4

用印度的「動態靜心」，釋放壓力喚醒能量

動態靜心是一種古老的印度靜心技巧，能讓我們整個人處於緊張的巔峰狀態，進而創造出發自內心的寧靜。

動態靜心共有五個階段。前三個階段是為了幫助我們達到緊張的頂點，後兩個階段則是迎來全然的自在和寧靜。

第一階段，請自然地用鼻子快速呼吸，並持續十分鐘。就像擤鼻子一樣，但是盡量放鬆臉部。若有人習慣張開嘴巴也沒有關係，重點在於吐氣時要通過鼻子，並盡可能快速深層呼吸，讓強烈、劇烈的呼吸逐漸占滿身體。

前文說過，壓抑會讓壓力荷爾蒙停留在體內，成為身體的毒素。在第一階段，長

久壓抑於體內的壓力荷爾蒙，會透過深沉而快樂地呼吸找到釋放的通道。

第二階段，請配合身體釋放。有一種知名現象叫作「第二次體力恢復」，當運動員用盡所有力氣，感到筋疲力竭時，只要能突破這股疲勞，就能得到第二輪的能量，重新變得活力十足。由此可見，人的能量是一層又一層。

當緊張的呼吸達到頂峰時，我們會出現類似第二次體力恢復的情況。大腦將無法思考，身體像打開新的能量庫，此後就進入動態靜心的第二階段，身體會出現像是跳舞、搖擺、哭泣或者大笑的動作。請聽從直覺的聲音，積極配合身體行動。

有人告訴我，在第二階段時內心有隱藏的憤怒和委屈。不過，第二階段的重點是不思考、不需要理智參與。

通常經過第一階段的徹底緊張後，情緒會較少，但如果身體仍感受到情緒，請予以發洩。不要去想「為什麼要生氣」，因為自問自答會滋養情緒，只需要釋放即可，甚至可以享受這種感覺。

情緒是身體裡流動的能量之一，沒有對錯。當我們迷失在情緒、故事中，就是無意識地對抗。不過，進行動態靜心時，只要享受能量，不需要想太多。在第一階段與第二階段的十分鐘內，請配合身體將動作做到極致，接著進入第三階段。

第三階段，請將雙手舉起並跳躍，同時喊：「吼！吼！吼！吼！吼！」盡量讓聲音經過丹田喊出來。這個動作要持續十分鐘。

對很多人來說，進入第三階段時，跳動似乎變得比較容易。如果讓腳跟碰到地面後再跳起來，確實感覺到身體的負荷，效果會更好。

舉起雙手時，請盡量舉高。曾有人反應：「手舉得太高，脖子會變得很緊；手放下來一點，脖子就輕鬆一些。」聽到這番話，我不禁感嘆人類的大腦真是理性！

舉手跳躍時身體要放鬆，但不是完全放鬆，而是需要力道將能量向上傳送。當我們起跳時，能量從地下傳上來撞擊能量中心，邊說「吼」邊把手向上抬，能量會跟著身體向上送。如果這時候手不向上抬，能量無法上傳。

第四個階段是停止。無論姿勢是站立或者高舉雙手，請保持凍結的身體姿勢，並察覺自己的身體。

我們的身體幾乎總被大腦嚴密地控制，而隨著每個階段的練習，會發現控制逐漸消失，身體變得新鮮、自由、輕盈，似乎恢復到剛出生時的自己。當然，每個人產生的感覺不同。總而言之，請特別將注意力集中在自己的身體，用身體感受而不是用大腦思考。

第五個階段是慶祝。可以隨意舞動以表達對存在的喜悅，並把這樣的喜悅帶進日常生活中。

在遙遠的過去，想放鬆身體並不是件難事，只要睡上一覺即可。然而，隨著人類文明的發展與進步，放鬆變得愈來愈困難。我們晚上躺在床上準備就寢時，大腦卻常將意識指揮到別的地方。動態靜心的功用就是讓我們暫且脫離大腦的控管，重新與身體連結。

有的人在動態靜心中覺得疲憊，代表他無意識地在對抗。如果完全投入動態靜心，活動結束後會感到徹底放鬆。如果身體已經很久沒得到完全放鬆，可能會因為不習慣而誤以為是疲憊、想睡覺。請仔細留意結束後的感覺，是感到放鬆還是昏昏欲睡。

許多人第一次做動態靜心時會嚇一跳，我自己一開始也不喜歡。但是，後來我意識到，不喜歡的感覺其實源自於抗拒，而抗拒會讓人感到更疲累。相反地，完全投入反而比較輕鬆。

如果不想繼續這個練習，請有意識地對自己說：「沒錯，我的大腦就是在抗拒。」而且，必須在瞭解大腦不喜歡改變的前提下說出這句話，畢竟大腦希望掌控一切。

直到目前為止，都是大腦主宰人生。不過，選擇權在自己手上，我們可以選擇變成大腦的奴隸，也可以直接了當地表示：「我要改變、要讓生命更好、找回我的能量。」自己的人生由自己決定，如果真的想要維持原狀也沒有關係。

大腦對於改變會出現很大抗拒，所以改變時必須花點心力，並且做好陣痛的心理準備。然而，當身體裝備好保護及防衛機制、穿好盔甲，內心卻常選擇躲在剛硬的牆壁後面，用各種方法保護自己、維持形象。

練習動態靜心，就是在粉碎這道牆和緊張感，會感受到痛苦也是理所當然。但痛苦其實是好跡象，代表有些東西開始溶解軟化。

我認為動態靜心是生命中最有力量的一件事，它能改變身體能量與態度，讓我們更有生命力。

有人在剛開始進行時（通常是前三個階段），會有點噁心反胃，這是好跡象，表示毒素從體內釋放出來。所以，我們可以在動態靜心後，暢快地洗個澡。

身體是靈魂的居所，遺傳天生的智慧。一旦真正去感覺、喜愛、傾聽身體，就可以像成功人士一樣擁有敏銳的直覺，能感知它的訊息，讓身心靈暢通無阻、自然流動。

第5章

身體與姿勢會告訴你，該如何累積財富！

擺出贏家的勝利姿勢，把借出的錢要回來

如果帶著輸家姿勢走動（這可能來自父母親），會連帶影響能量，覺得身體變沉重，看待世界的角度也變悲觀。不過，改變姿勢後，能同時改變能量與態度，進而影響做出的決定。

二十世紀以來，心理學家一直致力於研究身體與大腦的關係。我們已知大腦會影響感覺、語言、行為等，但身體能不能反過來影響大腦呢？

一開始，研究人員先從大自然的凶猛動物著手研究。他們發現自然界的強者會佔據很大的空間，例如：獅子王頭頂的毛髮特別蓬鬆，走路方式也比獅群的其他成

員佔據更多的空間，而且坐臥姿勢都相當開敞。相同地，大猩猩的首領也有相同的表現。

後來，研究人員發現運動員在獲勝時，經常會做出同樣的姿勢：**雙臂敞開、擴展身體**。即便是天生的視障人士在運動中取得勝利時，也會張開雙臂，保持敞開的擴展姿勢，這個動作簡直就是贏家的自動反應。

許多看起來很有權勢的人站立時，也常將雙手張開放在桌子上，同樣也是敞開、佔據空間。

相反地，無論是動物界還是人類的輸家，都盡可能只使用小小的空間。此外，身體經常呈現蜷縮、手腳環抱、低頭的姿勢，有時候甚至雙手抱頭，使得能量隨著身體姿勢而縮小。

研究人員測量贏家和輸家血液

運動員獲得成功時會擴展身體

裡的荷爾蒙，發現贏家血液中的睪酮濃度比正常水準高，而皮質醇的濃度則比正常水準低；輸家則相反，血液的睪酮濃度低於正常水準，皮質醇濃度卻高於正常水準。睪酮是有力量的荷爾蒙，皮質醇則是壓力荷爾蒙。由此可見，**贏家有力量且更放鬆，而輸家的壓力更大。**

為了探索荷爾蒙的差異是否與身體姿勢有關，會不會直接影響行動的成敗，研究人員還做了另一個實驗。

他們找來一群人，請一半的人做贏家姿勢（下巴稍微抬高、身體舒展、手指張開），再請另一半的人做輸家姿勢（下巴朝下、身體蜷縮、雙手握拳），並各自保持該姿勢兩分鐘。接著分別測量血液中的荷爾蒙濃度。

從測試結果可以發現，做贏家姿勢的人睪酮濃度會提升、皮質醇濃度下降，而做輸家姿勢的人則睪酮濃度下降、皮質醇濃度提升。當然，這種荷爾蒙濃度的變化只是暫時，因為大家不久後又會回到自己舊有的習慣當中。

之後，研究人員又做了一個實驗。他們讓一些人去面試某個工作，並請面試官在面試時不要有任何表情。接著，將這群面試者分成兩個部分，請一部分的人在面試中

贏家站立時，會雙手張開放桌子上

輸家習慣蜷縮身體，只使用小小的空間

做贏家姿勢，另一部分的人則做輸家姿勢，並全程錄影面試過程。

最後，研究者將影片播放給五個完全不知道實驗過程的人看，並詢問他們想錄取哪些人。結果，五個人都選擇做贏家姿勢的人。

從上述的實驗可知，**身體可以影響大腦與能量**。如果帶著輸家姿勢走動（這可能來自父母親），會連帶影響能量，覺得身體變沉重，看待世界的角度也變悲觀。不過，改變姿勢後，能同時改變能量與態度，進而影響做出的決定。**在樂觀與悲觀時做出的決定，是截然不同的。**

如果你想要找回身體能量，可以嘗試以下的動作：雙腳打開與肩同寬，張開手指，稍微抬高下巴，讓身體舒展放鬆、伸展胸膛，並保持呼吸流暢。這就是贏家的姿勢，請在腦中想像自己是一個真正的贏家，並維持這個姿勢兩分鐘。

閉上眼睛留意身體的感覺，是不是覺得腰更挺直，雙腳站得更穩呢？接著對自己說：「我已經夠好了，盡力而為就好。」

現在，可以去做一些平時自己認為很困難的事。如果覺得不好意思開口向別人借錢，或者總是很難把借出去的錢討回來，可以趁著身體充滿能量與自信，試著展開行動。

嘗試過後，你覺得生活中的難事比以前更簡單還是更困難？現在是不是覺得更有自信了呢？

九成企業家依據直覺，你如何練就這身武功？

大腦中的聲音其實都來自別人。在學會與身體連結後，就能聽到直覺的聲音，非常清楚簡潔，沒有任何畫面，只有一個聲音：「對，這樣就對」，這就是直覺的聲音。

想獲得財富不能只依賴IQ。高IQ確實有助於取得金錢，但並非一切的功臣。成功人士都有很好的EQ，他們尊重、理解他人，人際關係相當良好，而且直覺敏銳，能感知身體的訊息。

大前研一和清水龍瑩都是世界著名的管理學家，他們認為日本企業在二次世界大戰後迅速發展的原因，歸功於企業家高度靈敏的瞬間洞察力，也就是我們常說的直覺與BQ。

很多管理學家認為：**成功的企業家會依據直覺發現成功的經營模式**。相反地，僅依靠系統方法做決策的企業管理者，獲得成功的比例較小。沒有成功的原因與直覺被壓抑有關，因為智慧淹沒於無意識中，沒有得到充分發展。著名管理學家阿瑪．拜德（Amar Bhide）曾經連續五年，對世界一百家快速成長的企業進行調查研究，結果發現：只有四%的企業有周密的事業計畫。

大腦大多時候都處於無意識狀態，舉例來說，開車通常屬於自動巡航的模式。駕駛很長一段時間後，會忘記時間過了多久、自己是怎麼開車的。如果突然有輛車超到前面，便會馬上驚醒，並自動轉動方向盤、踩剎車。

在緊急狀況下，感官接收到訊息後，來不及經過大腦思考，身體便快速反應。相反地，智力與身體的連結方式則完全不同。當對某件事猶豫不決、充滿懷疑時，是因為大腦在發揮作用，而大腦中所有資訊、知識都來自他人。

實際上，我們根本不知道自己的心聲是什麼，因為大腦裡充滿別人的聲音。從小到大，我們都活在大腦的控制之下。大腦中有父親、母親的聲音，他們即使不在人世，聲音、態度依然深植於大腦裡。父親的態度可能是：要小心、不能信任別人、不可以冒險，一切按規矩來。母親的聲音可能是：家庭很重要，你的責任是在家照顧家人等。

大腦中的聲音不光只有父母親，還有祖父母、老師、社會上或媒體上有影響力的人物，他們的聲音並不一致。一個聲音說要這樣做，另一個聲音卻說那樣做才對。我們不免因為大腦的喧囂，覺得自己被撕扯而感到困惑。

許多人認為，要思考而不是只靠感覺，於是習慣相信別人的知識與智慧，而忘記相信自己的直覺。

大多數人不太習慣聽到自己的聲音，因為別人的聲音實在太吵雜。但是，當感到困惑時，請告訴自己：大腦的聲音其實都來自別人。在學會與身體連結後，就能聽到直覺的聲音，非常清楚簡潔，沒有任何畫面，只有一個聲音：「對，這樣就對」，這就是直覺的聲音。

有人曾問我，他該如何從父親的聲音中，找到自己的聲音。其實，他的聲音一直都在，只不過長期被父親的聲音掩蓋住。沒有人會失去自己的聲音，因為本體一直都存在。

我非常喜歡一句話：「你不可能把潮濕從水中抽走。」相同地，我們也不可能把事情的本質抽走。實際上，許多事情並沒有消失，只是被掩蓋住。我們要做的是將它們一層層剖開，呈現出真實的樣貌。

找到真實自己的第一步，是回歸與身體的連結。如果不在身體裡，自然無法勝任工作，更沒辦法運用智慧。千百多年來，身體遺傳天生的智慧，我們只要真正去感覺、喜愛、傾聽身體，就得以回歸自我。

假如被各種瑣事纏繞、被種種情緒左右，可以試試以下的自我傾聽：

坐下來、閉上眼睛，回想早上到目前為止，大腦在忙什麼？

有沒有把你的意識帶到別的地方？

也許大腦在抱怨、擔心或後悔，這些會影響到你的情緒與感受嗎？

傾聽完自我後，將意識拉回當下，察覺身體的狀態。注意自己的氣息如何進入身體、如何吐出，並感受輕鬆自在的呼吸，也許會因而留意到身體許多小小的運動。

請注意有沒有需要改變的地方，當你對一切不適的狀態說「是」，身體有什麼反應？你可能會感到有點痛苦、不自在，不過這些不適是正常的。

聽身體說話，就能累積健康這筆無價的財富！

你想過自己為什麼會頭痛嗎？頭痛其實是身體想傳達的訊息，告訴你：你在對抗不應對抗的訊息、試圖改變不能改變的事情、不接受某些必須接受的事實，所以身體告訴你必須停下來！

成功人士與身體有很好的連結，他們的身體和直覺有相同的頻率，並且非常信任直覺。相對地，大多數人通常太專注於大腦，漸漸與身體失聯。

找回與身體連結最簡單的方法，是跟自己的腳連結，感覺每一步踏實地踩在地上、腳掌連結到地表。請確實感覺自己是靠著雙腳站立，並記住這種感受。

我們的智慧與直覺存在身體中，身體由幾十兆的細胞組成，每個細胞都有屬於自己的生存智慧，真的非常了不起。

有人做過一個實驗，從身體不同器官中取出細胞，放在培養皿中，接著在培養皿裡放一些有害物質，結果所有細胞都遠離有害物質。後來改放一些有益物質，結果每個細胞都朝有益物質移動。

身體知道什麼對自己好，如果真的可以與其站在同一陣線，會知道哪些情境好，也會知道哪些人可以信任、哪些人需要特別小心。

其實，我們每個人都能與身體連結，重點是要改變平常的行事習慣，試著脫離大腦控制，轉而聽取身體的聲音。所以，我常說：「去感覺、不要說話」，因為說話還是在大腦的掌控之下。

我們一出生就擁有敏銳的感覺，小孩會仔細感覺身旁的一切，眼睛總是閃閃發亮。請回到孩童時期，學習捕捉身體傳達的訊息。身體一直想要幫忙，並給予訊息，但我們常常會忽略。

你想過自己為什麼會頭痛嗎？頭痛其實是身體想傳達的訊息，告訴你：你在對抗不應對抗的訊息、試圖改變不能改變的事情、不接受某些必須接受的事實，所以身體告訴你必須停下來！

如果繼續對抗，身體會給予愈來愈強烈的訊息，讓你感到常年痠痛。如果還是不聽勸告，老是認為：「我才是對的！」就會出現更嚴重的病狀。

因此，在身體拿出棒子敲打之前，要學會如何聽到它傳達的訊息。以下的活動可以幫助你重新得到身體的啟示。

坐在椅子上並閉上眼睛，保持身體坐直的姿勢。感受自己正坐在椅子上，感受你的腿，並檢查自己是否保持最舒服的姿勢。感覺你的髖部與背部，留意自己的背部是不是有點緊繃。請放輕鬆，現在非常安全。

感受胸膛與呼吸，你願意敞開胸膛嗎？感受肩膀所承擔的壓力，所有的責任都在肩膀上。請稍微讓肩膀休息，感覺脖子以下漸漸放鬆，現在你沒有任何壓力。

感受你的手臂與手掌，它們柔軟又放鬆，接著把注意力轉移到脊椎底部，感受自己正坐在椅子上。然後，感覺脊椎由坐骨開始向上延伸，並覺察脊椎兩邊的肌肉。

感受你的肩胛骨與後頸部，後頸常有很多壓力，但它其實很想放鬆。請將頭稍微抬起來，確認頸部的感覺。

感受你的喉嚨、下巴，並稍微張開嘴巴，讓下巴放鬆。覺察嘴邊所有的肌肉、雙頰、鼻子，感受整張臉開始放鬆。

再將重點從臉移到眼睛，讓你的眼睛靜止下來。想像右眼與左眼下方各有張舒適的小床，兩顆眼球就在那裡休息，覺察眼睛周圍所有的肌肉都放鬆。請花點時間，讓這些感受在身體中到處移動。

活動結束後，是否找到今天需要關注的部位或器官呢？請在內心對它們提問：

我一直讓你工作，沒有表達謝意。我想當你的朋友，未來讓我善待你好嗎？

你需要什麼？未來怎樣才能做得更好？

然後，等待身體回覆答案，得到的答案可能是圖像、感覺或文字。請靜下心來感受身體傳達什麼訊息，無論得到什麼訊息，都要對它表示感謝。接著，把注意力轉移到下個吸引你的部位，盡情感受答案。

五分鐘後，將注意力專注於自己的呼吸。感覺此時此刻自己在吸氣、吐氣、吸氣、吐氣。此時可以忘掉一切，進入更深層的放鬆狀態。

身體是所有部位的整合體，日日夜夜都在工作，但我們常常忽略**身體同時也是生命的所在地**。身體已經工作很長一段時間，請記得對它說謝謝。接著深呼吸、伸展身體，然後睜開眼睛，回到當下。

只要持續進行以上的活動，就會愈來愈接近直覺。一旦與直覺有很好的連結，就可以聽到身體給予的答案。平常對事情有所懷疑時，請停下來並閉上眼睛，花點時間感受自己的身體，直覺會告訴你該往哪裡去。

練習5

用少林功夫的「猛龍攻擊」，從丹田激發力量

全身放鬆地躺在沙發上，可能覺得很放鬆，但這樣容易昏昏欲睡。請坐直並保持脊柱挺直，感受身體正坐在椅子上。如此一來，能量會聚集，也會變得更警醒，處理事情的效率更高。

人身上的能量有許多層次。請喚醒自己的能量，發現哪些無意識讓自己想睡覺。然而，無意識不會隨意現身，因為一旦看到它，它就會開始失去掌控的力量。

接下來介紹的練習有助於喚醒身體能量，點燃身體的能量火，這個練習是受中國少林功夫的啟發，被稱為「猛龍攻擊」。

第一階段要把胸膛清理乾淨。吸氣時屏住呼吸，再用拳頭輕輕捶打胸膛，把所有

氣息擠壓出來，清理掉內在的壞情緒和不好的無意識。吸氣兩次後，再次捶打清理，重複進行這個動作六次。

第二階段是點燃腹中的能量火。雙手握拳，左拳放置在右拳上，並將兩手放在下丹田（約位於肚臍下方三指幅寬處）前。雙腳與肩膀同寬、膝蓋微彎、上半身挺直。這個姿勢很有力量，像動態的火。請感覺自己像一個風箱，讓火愈燒愈旺。

現在，要透過呼吸將猛龍的火從腹部帶到鼻子。吸氣時，將重疊的雙拳往上抬，腳同時站直，吐氣時則回到先前的姿勢。重複這個動作七次。

第三階段要開始練習噴火。開始走動並尋找一個物品，用兇狠的眼神盯著它看，然後慢慢抬起一條腿，擺出能恐嚇到對方的動作，感覺自己的火從丹田爆發，彷彿化身為猛龍。然後再找另一個物品，抬起另一條腿，朝選定的物品噴火。

持續進行這個動作幾次之後，是否覺得自己的身體更有力量？當感到能量不足以應對狀況時，這個練習可以迅速打開能量庫的大門。

想賺大錢，第一件事就是不能專注於金錢，因為這會帶來太多壓力和緊張。只有從純粹的快樂和熱情出發，或者立志改善大多數人的生活，錢才會主動靠近。

第6章

從純粹的快樂和熱情出發，讓金錢主動匯聚！

想賺很多錢？第一件事就是不能專注於金錢

成功人士不會過於聚焦在自己的目標，他們把更多能量集中於每個步驟，因為如何達成目標才是最重要的部分。

如果想賺很多錢，第一件事就是不能專注於金錢。心理學家研究過目標與工作效率的關係，結果顯示，太想達成目標時，反而會降低效率、削弱行動能力。相反地，處於放鬆狀態能取得意想不到的效果。

賺錢也是相同的道理。一旦將專注力全都放在賺錢上，會變得緊張、壓力大，更遑論享受賺錢的過程。想賺錢就必須把錢放在次要位置，專注於自己熱愛的事情，或者把熱忱放在改善他人的生活上。如此一來，不僅能減少不利於成功的壓力，更能與金錢建立相對良好的關係。

舉例來說，蘋果公司創始人之一賈伯斯熱衷將產品做到極致，無論是蘋果出產的電腦還是手機，顏色、稜角都充滿美感。據說賈伯斯對 iOS 作業系統中每根線條的粗細都異常用心，因此那時候公司賺取不少錢。

專注在錢上，會讓你焦慮

閉上眼睛回想，當只專注在賺錢時，工作或事業讓你有什麼感覺。請想像自己掙扎著想賺更多錢，甚至永無止境地追逐金錢，這些行動會花費多少能量與時間？是不是遠遠超出你付出的東西。**如果感覺自己被金錢蒙蔽雙眼，以下的自我問答有助於找到內心的聲音：**

當只專注於賺錢、認為錢才是最重要時，你有什麼感覺？

是不是覺得快要無法承受壓力，感覺被榨乾？

是不是覺得自己孤立無援、不受支持？

當然，害怕失敗的感覺在所難免，你可能心想：「如果沒有達成目標，沒有賺到很多錢，其他人會怎麼看我？」留意自己的感覺在那些時刻是沉重還是輕盈、僵硬還是流動、受到滋養還是被榨乾？當你覺得未來還會出現更多問題時，能樂觀面對嗎？睜開眼睛，將各種伴隨賺錢而來的問題和麻煩寫下來。

當人們專注於金錢時，常會心想：「我必須賺更多錢」、「我必須用賺錢證明自己」、「我必須讓別人覺得我很厲害」，但這些想法只會讓壓力愈來愈大。尤其是事情出錯時，會感覺不被支持，充滿無力感。一想到未來可能處於這種狀態，便感到沉重與困難。

請放下對金錢的執著，享受自己的興趣或事業，反而會更輕鬆。如果還是感覺焦慮，代表仍活在賺錢的壓力之下。

你的期待在別人能力範圍之內嗎？

一旦專注於賺錢，便看不到其他人。不論是同事或合夥人，都變成賺錢的工具。曾經有位企業老闆因為事業停滯不前而求助於我。我問他：「你覺得生產力停滯的原因為何？是員工還是其他主管的問題，或者是你自己的緣故？」他不推卸責任地直說，原因在於自己付出太少。

老闆只要管理得當，其實不需要把一天二十四小時都奉獻給工作。當老闆說：「我應該為事業投入更多心力」，其實是想表達：「我覺得自己應該掌控一切。」實際上也的確如此，老闆的目標是賺錢，而事業只是賺錢的工具。

不過，事業其實也包括公司的員工及合夥人。如果他們感覺自己沒有被欣賞、被看見，老闆只對目標和金錢感興趣，他們為何要努力工作支持老闆呢？

那位企業老闆不信任自己的員工或合夥人，所以沒有給予他們足夠的責任，反而一味將掌控權緊握在手中，甚至催眠自己：「我應該做得更多，不然無法擴張事業。」這個無意識在暗示：靠員工或合夥人無法促進事業發展。

我建議他：「人們其實很喜歡負責任的感覺，你給的責任愈多，對方愈能感受到尊重並以此為傲，而願意做更多。」

成功的老闆不一定事必躬親。微軟創辦人比爾．蓋茲每年休假很多天，但微軟依然是世界上非常賺錢的公司，因為公司裡還有其他優秀人才，也可以負起重責大任。

每個人都有正面和負面的特質，但我們通常不願意花時間去欣賞別人的優點，只看得到自己。而且，我們常假設每個人都有和自己相同的特質，期待人人和自己一樣。舉例來說，做事快的人會期待其他人也手腳俐落，如果跟不上快節奏，就把對方貶為拖拖拉拉的人。

公司裡每個員工都是獨特的個體，擅長的事情也不盡相同。如果老闆能多花一點時間發現每個人的特質，在各自擅長的領域多分配一些責任，員工的工作效率與感受會更好。

然而，前文提及的那位企業老闆顯然不明白這個道理，他依然向我訴苦：「員工一直抱怨他們的工作量太多。」人們為什麼抱怨？只有在覺得受到不公平對待，或是不被尊重時才會抱怨。

我說：「如果員工被要求去做他們認為困難的事，會覺得工作量太大。你要用不同的方式理解員工，像是詢問他們是否享受自己的工作，或是觀察他們的特質並提出建議。可以對適合銷售的人說：『讓你做統計真是浪費人才，我認為你有銷售天分。』對方會覺得自己受到尊重。」

不論是管理還是待人處事，重點是看見其他人，而不是把別人的所作所為當成理所當然。如果被賺錢蒙蔽雙眼，必然看不見其他人。

覺察賺錢之下的無意識是什麼？

請覺察把賺錢當成主要目標的無意識態度下，究竟藏有什麼想法？有人希望借助金錢讓別人看重自己，或者獲得權力、榮譽等。

不過，當一個人的權力、榮譽都仰賴金錢，容易為了證明自己而抄捷徑，無意識中可能採取欺騙手段，或者剝削、佔人便宜，甚至為了賺更多錢而破壞規則、製造品質不好的產品。

做出這些行為後，內心一定感覺不舒服，大部分的人會覺得自己很廉價，開始不尊重自己，當然也無法得到其他人的尊重，因為社會從來不會尊重那些靠走捷徑、剝削而致富的人。而且，一旦開始走捷徑就很難再踩煞車，因為停下來會令自己感到不舒服。

走捷徑很明顯是不尊重金錢的做法，我們之前提過，若透過這種途徑擁有錢，那些錢必然會以莫名其妙的方式，快速地從指縫間溜走。因為剝削別人後，總有一天要還回去。

你做的事情帶給你滿足感嗎？

你做的事情是否帶給你滿足感？如果沒有，做那件事情的意義是什麼？人生苦短，如果有滿足感，並且享受自己正在做的事，共事的人、周遭親朋好友也會予以支持、積極參與。相反地，如果覺得手上的事情很辛苦，身邊的人也會被負面感覺影響。

閉上眼睛深呼吸，將精力聚焦於事業，回想它有什麼優點：可能帶來更好的生活、讓別人的生活變更好、發揮個人特質與能力，或者能讓你全心投入。**花點時間想一想你的事業或是任何生財工具，並問自己以下的問題：**

「我做這件事是因為＿＿＿＿＿＿（我真心熱愛、可以讓我發揮創意、讓別人的生活更便利），當我想到這些時，我的感覺是＿＿＿＿＿＿。」

事情不會永遠照我們預期進行，但是從事熱愛的工作，或是感覺自己的工作能助人時，對工作可能出現的問題會抱持什麼感覺？是比以前更樂觀，還是變得更悲觀？

改變看待事物的方式將得到不同的感受。若真的不幸出現困難，我們會習慣將它當作挑戰而非麻煩，這就是成功者習慣的思考模式。

確立一個真正的目標

除了找到工作的滿足感，還需要為自己確立一個真正的目標。你的五年目標是什麼？你要如何達成目標？拿出筆並寫在紙上，不用列出執行目標的方法，而將它當作單純的夢想。但是，只告訴自己「我要創業」還不夠，若想要完成夢想，必須一步步發展及經營事業。

如果看不清實現夢想的路應該怎麼走，請試著留意自己的無意識，可能是因為內心某部分不相信自己會達成目標，所以暗中破壞。如果真是如此，不用批判也不用評價，只需要看到、感覺到無意識的存在，然後閉上眼睛感受，同時告訴自己：「我知道該怎麼做，我知道怎麼達成目標。」

成功人士不會過於聚焦在自己的目標，他們把更多能量集中於每個步驟，因為如何達成目標才是最重要的部分。**請閉上眼睛，想像自己現在已經達成目標，而不是五年後，並且問自己：**

完成夢想代表什麼？

能在人生中實現什麼？

今後怎麼過自己的人生？

這個目標是否帶來足夠的滿足感？

能允許自己停下來享受喜悅嗎？

請將感覺寫下來：

這個目標帶給我＿＿＿＿＿＿感覺，但是沒辦法帶給我＿＿＿＿＿＿感覺，還缺少＿＿＿＿＿＿。

留意自己內心的真實感受，勇敢承認這個目標下潛藏的事物，以及想要達成目標的原因。

實際上，我們很常忽略一個重點。許多人追求目標可能是為了追求生活中缺少的要素，那也許是價值感、舒適感、滿足感，或是受尊重的感覺。請找到它們，否則無法使盲目追尋的腳步停下來。

而且，許多人只要人生中得不到這些渴求的要素，無論賺多少錢都無法滿足。相反地，有些人可能很難擁有目標，如果你也有這個煩惱，可以對自己說：「我的目標是讓自己覺得值得擁有一個目標。」

承認自己工作背後的動機，成為主動承擔者

如果能嘗試對工作說：「非常感謝你到目前為止帶給我的一切，你已經為我做得夠多了」，便不會淪為抱怨的機器，而是從被動的受害者成長為主動的承擔者。

有時候，我們所做的事或工作並非自己想做的，很多人甚至討厭自己的工作，但我們仍然咬緊牙關，努力堅持下去。原因可能是離不開、需要錢、履歷需要這項工作經驗，或者辭職會讓家人擔心等。

這種狀況下我們該怎麼做？首先，必須承認自己選擇留在舒適圈與安全感當

中。我並非質疑這個選擇的對錯，因為一切都可能是出自於無意識。不過，一旦承認事實，氣憤會逐漸平息，只要告訴自己必須為選擇負責任，就能開始擺脫受害者的角色。

接下來，找出討厭這份工作的明確原因，可能是覺得不被欣賞、工作內容沉悶、壓力太沉重，或者是其他原因。無論如何，請不要忘記：**我們還有其他的選擇**。讓責任回到自己身上，也代表重新掌握選擇權，能扭轉受害者身分。

我們當然可以選擇對自己說：「老闆和同事是混蛋、這份工作沒有晉升機會……。」不過，提出上述的任何理由，都是把自己塑造成悲情電影中的受害者，潛臺詞是：「我沒辦法改變這種情況。」

相反地，我們還有另一個選擇：承認一切的抱怨來自對所處狀況的反應。不過，承認需要勇氣，因為大腦總是試圖把情緒帶往指責和抱怨。**如果對自己的反應負責，就更有機會找到根源，知道是什麼讓自己感覺沉悶、氣憤、不被欣賞、壓力大，以及能否改變對工作的態度。因此，可以問自己：**

別人是否也有相同反應？
對某些人來說，同樣狀況會不會構成問題？
如果對其他人來說沒問題，為什麼我會有這種反應？
是什麼信念造成我背負壓力？
灌輸自己什麼無意識的信念？
假如苦惱於不被欣賞或不受尊重，那我欣賞、尊重自己嗎？
該怎麼做才能更欣賞自己？
假如自重且不在乎他人眼光的人也有相同問題，他們感覺如何、有什麼舉止？
如果認為工作沉悶無比，是什麼讓我覺得沉悶？
若是把這份工作當成專注於當下的練習，還會覺得煩悶嗎？
真的不能在這份工作得到滿足嗎？
如果和同事關係不融洽，真的是因為他們不好相處嗎？
他們真的沒有值得學習的正面特質嗎？
還是我眼裡只有他們的負面表現？

難道自己其實有點嫉妒他們嗎？

即使同事是徹頭徹尾的無賴，和自己又有什麼關係？

為什麼要被他們影響？

有的人表現欲旺盛，如果能接受這個特質和事實，不做任何評判，就不會過度在意他們的一言一行，也不會被影響。

每個人呈現的特質都有原因，與旁人無關。如果能以這種態度看待身邊事物，便可以感到安然與放鬆，而這份愜意也能讓身邊的人感覺舒適。

因此，我們一旦準備好為自己的反應負責，便產生更多可能性。探索可能性的過程會讓自己釋然，因為能察覺「一直被無意識的概念操控」，而探索的行為將消除凌駕於我們之上的無意識。

無意識的概念隱藏在背後，我們也常無意識地與其合作。然而，一旦察覺到它們在作祟，便多出無限的選擇，不會再用能量繼續餵養無意識，並且可以選擇以更有智慧的方式，離開這份工作。

如果真的無法勝任工作，也不願意改變態度，就冒險去找另一份工作。這是為現實負責的決定，不用評論自己的選擇。但是，**有許多人雖不滿意當前情況，卻不願意改變現狀，這時可以對自己說：**

目前的工作狀況＿＿＿＿＿（不喜歡共事的人、工作讓我備感壓力，或者感到厭煩、不被欣賞等），不過我選擇繼續待在這種狀況中。

也許我們希望同事改變，但首先要明白，對方是怎樣的人與自己無關，也沒有資格批評他們。我們當然可以繼續抱怨工作、感到氣憤和沮喪，或希望事情有所改變。但是內心很清楚，什麼都不會發生、事情不會憑空改變，而且不做出改變等於選擇繼續與痛苦為伍，憐惜自己的受害者身分。

學會對工作說感恩

很多人都處於以下情況：明明很清楚自己在做一件不熱愛的事，卻不允許自己從事真正想做的事。

而且，當自己在工作中感覺沉重又疲累，並不會有太好的表現。請回想看看，目前為止這份工作帶來什麼：有一份收入、從工作中學到東西、累積一些經驗、拓展重要的人際關係等。不要總是專注於工作上的困難，以及所帶來的不快。

一位經常抱怨工作的學員說，工作讓她得到舒適、富足的生活，可以買自己想要的東西、給孩子更好的教育，還能獲得很多有用的社會經驗。只有將焦點從負面影響轉移，才會發現到這一切。

我們通常不會感恩工作，只會說：「我不喜歡我的工作」，卻又無法離開。工作在我們自己創造的兩難中變成負擔。如果能嘗試對工作說：「非常感謝你到目前為止帶給我的一切，你已經為我做得夠多了」，便不會淪為抱怨的機器，而是從被動的受害者成長為主動的承擔者。

我們可以透過下面的活動，清晰地看到無意識態度如何影響他人的感受。請找一個夥伴，與對方的距離保持在手臂的長度，並將手自然地放在他肩膀上。保持眼神接觸，臉部表情維持中性、不要講話。接著，放空自己所有想法，對夥伴抱持以下想法三分鐘：「我比你好、我比你懂、我知道什麼才對你好、我比你成功。」

接下來，將自己的想法變成：「我們都盡力了，我們都不完美，你我是不同個體，我並沒有比你好，而且我們已經夠好了。」然後抱持這種想法三分鐘之後，雙方再交換角色。

在活動中會發現，當一方投射出優越感時，另一方會感到生氣、憤怒，而這個活動的目的正是：察覺自認為比他人優秀時，內心會創造什麼。

走捷徑、亂投資會帶來災難，導致你對金錢感到害怕

感受到罪惡感其實是在逃避責任，有罪惡感代表還沒負起責任。大方承認：「對，這就是我做的！」也是負責任的方式之一。

有一個學員曾對我說：「人生沒有捷徑可走，橫著省下的路途會變成豎著的坑。」我認為這句話非常有道理。

我聽過許多關於財富的故事，大部分令人血脈賁張，可以從中感受到積極的活力、富於傳奇的色彩。故事中的主角大都詮釋了勇氣、意志、堅韌等美好品格的內涵。不過，其中也有一些聽起來不愉悅的故事，因為做過的事情必然產生迴響，好

的事情悅耳動聽，不好的事情嘔啞嘲哳、難以入耳。

捷徑不好走

莎士比亞筆下的《馬克白》（*Macbeth*）就是很好的例子。馬克白原本是個叱吒戰場的英雄，因為覬覦蘇格蘭國王鄧肯的王位，所以殺而代之。為了掩人耳目，他殺掉鄧肯的侍衛，為了防止他人奪位，他甚至殺掉更多的人。最後，馬克白在眾叛親離之下被殺死。

捷徑不好走，曾經有人年過半百、功成名就，卻還在為年少犯下的錯誤而痛苦、抽泣、恐懼、焦慮。當上國王後的馬克白身處高位，卻被良知折磨得食不知味、夜不安寢。正如希臘女神黑卡蒂所說，命運讓種種虛偽的幻影迷亂本性。

走捷徑的罪惡感讓你害怕金錢

有時候，很多事情在無意中發生。舉例來說，進入某家公司後，發現公司財源不是很乾淨，而自己在無意中成為幫兇。當事情發生時，唯一能做的就是承認：我們抄捷徑，必須負起責任。

感受到罪惡感其實是在逃避責任，有罪惡感代表還沒負起責任。大方承認：「對，這就是我做的！」也是負責任的方式之一。即使無意走捷徑，但實際上已參與其中時，請誠實地承擔應負的責任，否則會無意識地繼續做下去。

上述所說的負責任，並不是指承擔外在責任，而是負起內在責任，告訴自己：「沒錯，我做了一件讓自己感覺不好的事。」只需要負起自己應盡的責任，不用替其他人擔負他們的責任。

唯有承認自己的責任，並擺脫受害者身分，才會看到更多可能性。舉例來說，你可以選擇離開這家公司，雖然會少賺一點錢，但感覺更好、更輕鬆。

如果曾主動抄捷徑而帶給他人傷害，罪惡感會充斥內心，甚至恐懼金錢。許多人年少時欺騙過他人，從此沒有良好的金錢關係，正是因為罪惡感在作祟。

如果你做過類似的事情，應該要退一步，看到更大的圖像。事情已經發生，而當時的行為是有理由的。不用去探究為什麼，只要告訴自己：「我做了一些讓自己感覺難受的事情。」

練習6

學會與自己和解，放下過去的遺憾與創傷

在犯下錯誤，發生問題後，該怎麼辦？

你希望一輩子都為這件事情付出代價嗎？

很顯然地，會有這種想法是因為把自己看得太重要，雖然錯誤或麻煩可能是個創傷，但是它們早已結束。最重要的是找方法與自己和解，否則會繼續為這件事情付出代價，無法得到自由。

為了清理內心的疙瘩，當獨自一人時（例如睡覺前），可以在房間裡放空自我，想像事件中被自己傷害的人站在面前，而你向他們解釋當時發生什麼事。

如果想要獲得原諒，可以對他們說：「我已經準備好負起責任，為自己當時做了什麼（或沒做什麼）而感到抱歉。那時我是無意識的，但是現在願意負起責任並承擔

後果。」

完全投入練習當中，就能把創傷放下。事情已經發生，也無法回到過去，人生總要繼續，不能永遠讓自己深陷其中。

其實成功者和失敗者並無二致，兩者的區別在於，是否完全接受生命中遇到的一切、接受不完美，以負責任的視角看待世界。只要接受當下生命的樣貌，喜樂就會來臨，因為欣喜來自內在綻放，富足豐盛源自內在充盈。

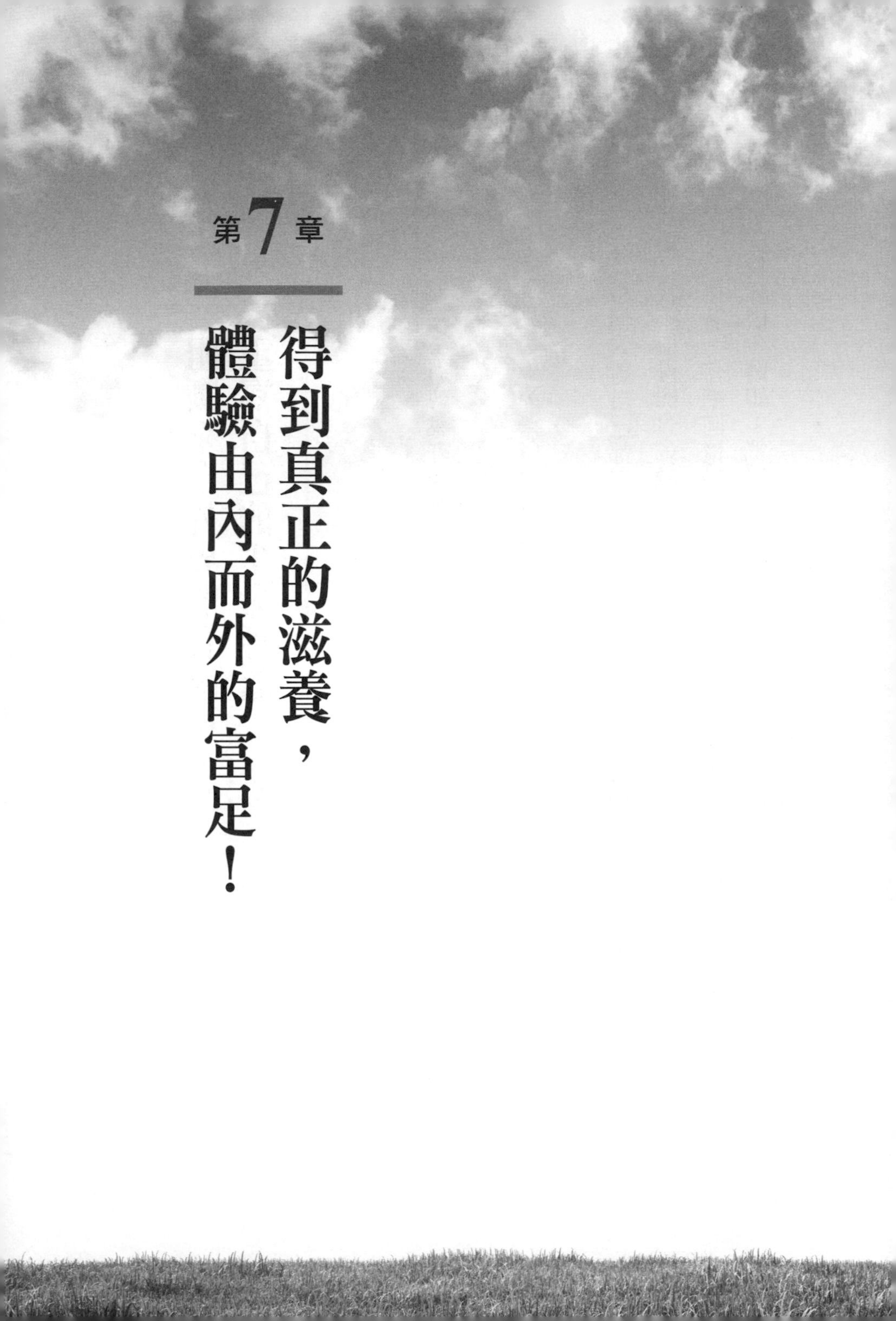

第7章

得到真正的滋養，體驗由內而外的富足！

阻斷來自外界的負能量，重寫自己的生命評語

全新的視野和角度會讓自己意識到，一直以來抱持的信念並非百分之百真實，更不是金科玉律。察覺到這個重點，並有意識地考察和驗證後，那些信念將變得毫無根基。

每個人對自己都有各式各樣的評價，請把它們簡潔地寫下來，例如：我微不足道、我不值得擁有金錢、我總是很貧窮、賺錢對我來說很困難、我是失敗者等等。

接著，仔細回憶過去發生的每件事，有些可能非常微小，但是足以推翻原本的自我評價，例如：曾獲得的讚賞和邀請、一切感到快樂的瞬間。

這時大腦不停打斷：「雖然如此，但是……。」這是大腦的習慣，希望像以前一樣，譜寫一齣可憐無能的悲劇故事。請堅定地告訴自己：「這是大腦在作祟」，繼續將焦點集中在曾經發生的事實。**如果想不起來，可以透過以下的自我問答釐清思緒：**

曾經在面試中成功幾次？
通過多少艱難的考試？
能勝任多少份工作？
別人因為什麼稱讚你？

全新的視野和角度會讓自己意識到，一直以來抱持的信念並非百分之百真實，更不是金科玉律。察覺到這個重點，並有意識地考察和驗證後，那些信念將變得毫無根基。

莎士比亞名著《羅密歐與茱麗葉》中，卡帕萊特家族和蒙特鳩家族是世仇。我們可以虛構一個充滿悲劇色彩的故事：卡帕萊特家族和蒙特鳩家族在同一天、同家醫院生下兒子，由於護士的失誤，兩個孩子被對調。卡帕萊特家的孩子來到蒙特鳩家，蒙特鳩家的孩子進入卡帕萊特家。

流著卡帕萊特血液的嬰兒被當作蒙特鳩的孩子扶養，關於他是誰、他應該如何、別人和社會應該如何、他喜歡或不喜歡的東西，都與蒙特鳩家族有關，但他身上流的卡帕萊特人血液才是真相。同樣的事情也發生在與他對調的孩子身上。

我們對於身份的想法、自我認知、自卑，其實都是外界加諸而來。從正面角度思考，這是非常好的消息，代表可以隨時丟掉它們。

究竟真相是什麼？為什麼我們心中會存有某個信念？我們可以再次回到過去的事發現場。**閉上眼睛，找到讓你產生強烈感覺的時間點，透過以下的自我問答，回憶當時發生什麼事、有誰參與，並發掘自己的信念如何產生：**

當你再次置身並專注於當時的情景，內心有什麼感受？

身體姿勢和態度如何？

能量是否被影響？

去感受那個信念做了什麼，是誰讓你認同那個信念？

事後又是如何描述？

是否遺漏了什麼？

遺漏掉的部分又是如何影響你？

回到當時的情境後，你看到了嗎？是自己在滋養那個信念，讓它從幼苗變成參天大樹。如果想要突破並改變，就得把這棵大樹連根拔起，這個過程困難且痛苦，不過你可以運用想像力來完成這件事。

哈佛醫學院有個實驗：研究者讓學生想像自己用鋼琴彈奏某首曲子，結果大腦管轄手指活動的區域發生變化，像真的在彈奏曲子一樣。由此可知，想像力實際上可以改變大腦的通路。

想像自己身處在有相同情景與人物的過去，唯一不同的是帶著自己一直想擁有的全新信念。請注意自己的身體姿勢、表情、態度和行為。你喜歡這種新穎的感覺嗎？請寫下這些信念，讓它們深入身體的每個細胞，成為自己的一部分。

不過，這麼做會令人感到害怕，因為舊信念是人格的一部分，也是舒適圈，丟掉它們後幾乎很難看到自己，甚至會有點迷失自我。這時，可以對自己說：「我還沒準備好丟掉舊信念，而是想要保留它們，因為害怕失去這些信念後會失去自我。」

人生由自己做主，可以讓舊信念棲身於無意識中，給它們繼續操控生命的舞台，而你則繼續痛苦、悲嘆人生的失敗。相反地，可以有意識地回顧過去的事件，看到真相並建立新信念、新的神經通路。

別讓壞習慣阻止你與金錢連結，讓生活失去自由

找到真正適合自己的習慣後，就不會再被壞習慣拖住後腿。然而，舊習慣相當纏人，當它們再次躡手躡腳回來，你一定要立刻對自己說：「停，這是舊習慣，和真實生活中的我毫無關係。」

每個人都有或大或小的壞習慣，像是抽煙、熬夜等，雖然曾試圖改變，但為什麼很多人無法成功呢？儘管我們的理性與大腦將這些習慣認定為「不好」，但無意識卻有不同的看法。

壞習慣阻止你與金錢連結

首先我們必須承認，遲遲無法戒掉壞習慣的原因之一來自於**不想改變**，而這也是無意識在作祟。

舉抽煙為例，很多人抽煙是為了填補內在的某個空洞，如果我們沒有理解這點，即使戒煙成功，還是會以其他壞習慣取代抽煙，可能是透過暴飲暴食、玩網路遊戲，或者瘋狂購物來填補。

請大方承認，無法改掉惡習是因為不願意放棄這個習慣，然後對自己說：

為什麼我要抓住這個惡習不放？

它對我有什麼用？

它試圖保護我什麼？

接著，耐心等待內心的回答，回答的呈現方式可能是感覺、畫面，或只是幾個簡單的詞語。

抽煙的契機也許是為了讓父母焦慮，也可能想營造喘口氣的空間。你得到內心的回應後你可能會感到驚訝，但這就是事實：**壞習慣可以免於孤單無力或是被拒絕。**

除了行為上的習慣，判斷事物及對待外界的態度也屬於習慣的一種。其中，有些習慣相當正面，有些則令人想竭力規避。那些想極力避免的態度，同樣源於自我保護機制。例如：

- 成為悲觀者免於失望。
- 成為完美主義者免於被挑剔。
- 優柔寡斷可以避免承擔後果，或免於因決斷錯誤而遭受批評。
- 自視甚高、批評別人，可以免於被羞辱或感覺渺小。
- 掌控每件事可以隱藏脆弱，免於被嘲笑以及感受自己無能為力。
- 讓自己忙得團團轉，可以免於空虛或孤獨。
- 取悅別人可以讓自己感覺被需要。

- 嚴肅可以避免被人懇求，或能迫使別人更認真傾聽自己發言。
- 開導別人可以免於發現自己也需要被拯救。

這些習慣確實保護我們免於受傷，同時也會索取報酬。請仔細想想，悲觀主義者容易看到生命給予的機會嗎？習慣積壓的人能安然享受人生嗎？養成這些習慣必須付出代價，導致我們很難與金錢連結、享受自由，並讓我們墮入永遠賺不到錢、不配享受富足人生、對人生問題感到無能為力的悲劇角色中。

清楚一切的利與弊，改變就會發生

改掉壞習慣的第一步是承認它的缺點，並將其視為朋友而非敵人。請帶著感恩的心尊重壞習慣、等待它的回應。

傾聽內心有助於意識自己為既有習慣付出什麼代價。請把利弊逐一列出，看看還牽涉什麼。如此一來，可以清楚看到優缺點比例，如果缺點較多，不需主動丟棄，那個習慣也會自動消失，因為無意識已經被看透。

如前文所述，有些習慣保護人們免於觸碰不愉快的感覺，例如：無助感、不滿足、被拒絕的恐懼、孤獨等。但它也讓人失去一些東西，像是朋友、渴望的愛、身體健康，或是成就感。

與其將心裡的空洞寄託於壞習慣，也許可以試著記錄過去的出色事蹟（無論多麼微小都沒關係），並想像你的父母為此感到驕傲。

當我需要自信時，會回憶以前的成功事蹟，或是自己感到滿意的事情，例如：因為學業優秀獲得獎學金，得以進入大學完成學業。通過數千人選一的戲劇試鏡，之後順利通過律師考試，成為執業律師和法律顧問。後來，成為一家優秀出版公司的助理出版人及部門經理，被大眾傳媒譽為商業成功女性。再後來，放下一切搬到鄉村居住，意外地成為針織設計師……。

然而，大腦喜歡負面詞彙，在記錄優良事蹟的過程中，大腦肯定會拋出不少類似評語，例如：「那件事微不足道」、「那些事蹟對我毫無幫助」。這時，暫且將這些心聲擱在一邊，認真傾聽自己的內心，再繼續前進。

找到真正適合自己的習慣後，就不會再被壞習慣拖住後腿。然而，舊習慣相當纏人，當它們再次躡手躡腳回來，你一定要立刻對自己說：「停，這是舊習慣，和真實生活中的我毫無關係。」

立即做出與平常完全不同的事，能有效擾亂常規、讓壞習慣遠離。舉個例子，當我沮喪時，習慣邊淋浴邊唱歌。用蓮蓬頭沖洗頭髮、頭皮、全身皮膚，是非常美妙的按摩。我想像舊習慣被沖洗，能量因而改變。如果感覺憤怒，則會跟隨快節奏的音樂跳舞，有時舞姿非常誇張，卻能讓我快速平靜下來。

不過請務必當心，不要額外製造出新的習慣。假設每次憤怒時都去長跑，大腦會把長跑與憤怒做連結。

最後請記得，不要因為習慣而評斷自己，若被罪惡蒙蔽雙眼，將無法釐清整個習慣機制的運作。此外，隨時與無意識保持溝通，能脫離受到壞習慣、無意識的控制，進而獲得真正自由的生活。

坦然正視所有遭遇，只有平靜與滿足才是真正財富自由！

如果希望獲得真正的自由和滋養，必須勇敢面對所有遭遇，不帶任何判斷或抱怨，選擇正視它們，而這也是得到平靜的開始。

所有的批評、評價和恐懼都來自大腦，事物的好壞與取捨也是由大腦決定。實際上，事物本身並沒有所謂的好壞，人類學家發現很多可以佐證這個觀點的例子，例如：某些地方的禁忌卻被另個地方接受。

但是，我們在準則裡耗費太多能量，經常埋怨命運不公，對發生在自己身上的事哀怨憤恨、無力絕望，因此身體累積大量的緊繃、壓力和對抗。

有一位四十歲的女性執著於母親的早逝：「我十歲時媽媽去世，我從來沒得過她的支持。」她說話的聲音、神態就像剛失去母親的小女孩。這個故事的受害者是個孩子，雖然母親過世了，某些情緒卻繼續活下來。

她可以選擇繼續無意識地抱怨：「媽媽沒有支持我」、「她情緒上不支持我」、「她給不了我需要的東西」。很多人都執著於舊的故事和抱怨，但這麼做一點幫助都沒有，只會讓自己變得更軟弱。

但其實那位女性還有另一個選擇，就是看到更大的畫面：「媽媽已經盡量提供她能給的東西，而生命是她給我最寶貴的禮物」，然後放下執著，開始享受自己的生命。

我告訴那位女性：「妳的母親並不是自願死亡，這是她的命運，跟妳沒有關係，也不是妳的錯。妳做得非常好，我也知道這些年來妳很不容易，相信妳母親天上有知，必定以你為榮。而且，她是妳母親的事實永遠不會改變。」

生命中會發生各式各樣的事情，像是生意一敗塗地、失去心愛的人或至親。無論怎麼抱怨、哀嘆，已經發生的事情都不會再改變。此外，身邊的人也會被負能量感染。這麼一來，還會有人對你微笑、想留在你身邊嗎？

仔細關注身旁的事物，會發現已錯過許多美好的東西，像是太陽每天升起、鳥兒輕唱、樹苗長成大樹、花苞開滿枝頭、漫天的熠熠星光，孩子們的歡聲笑語……。

對生命發生的一切說「是」，尋找那些帶來溫暖和滋養的事物，但前提是需要積極地做出選擇、負起該負的責任，然後帶著這些美好經歷喜樂。

當然，也可以對生命說「不」，只把焦點集中於錯誤、問題和困難，或是繼續講述老掉牙的受害者故事，不對自己負任何責任。雖然這麼做比較容易，但會因而無法感受活力、流動和輕盈。

選擇權在自己的手裡。如果希望獲得真正的自由和滋養，必須勇敢面對所有遭遇，不帶任何判斷或抱怨，選擇正視它們，而這也是得到平靜的開始。唯有平靜，才會發現滿足存在每個片刻之中，而且無論處境如何，平靜都會一直伴隨在側。

請記住，人人都有權享受生活、有權得到真正的富足和自由。

練習7

用西藏的靜心技巧，消融執著與傲慢

以下要介紹西藏的靜心技巧，這個練習有助於放下內心執著，獲得身心靈的平靜。

請找一個安靜空間坐著，想像自己的身體開始逐漸消失，彷彿成為幽靈。接著想像自己回到住所、辦公室，看看在沒有自己的情況下，其他生命會怎麼運行。你可以看到他們，但是他們看不到你。

你會發現，即使沒有你，其他生命也運行得很好。實際上，除了父母、伴侶、子女、朋友會掛念你一段時間，其他人掛念的時間並不多，大家都在忙自己的生活。而且你做過的事情、生活過的痕跡將慢慢消失，就像印在雪地上的腳印，雪慢慢融化後，一切化為烏有。

在發現「人們沒有這麼需要自己」的事實後，將能慢慢獲得平靜。不用再扮演被指定的角色，也不需要背負被強壓的責任或義務，因為沒有你，這世界並不會有什麼改變。

當你真正明白這點，並放下原先的自大與傲慢，才能投入更多時間探索真正的自己，這才是人生真正的方向。

正如榮格所說：「往外張望的人在做夢，向內探尋的人才是清醒的。」

後記

人生轉角藏有無限機會，感謝生命讓我如此幸運

回顧我的生命，可以看到自己多麼幸運。因為我給予「存在」許多機會，對它們說是。

不過，剛開始很不容易。當我還在求學時，父親遭逢一連串的事業失敗，最後選擇自殺。他是位非常好的父親，但是與金錢的關係很不好。後來我才理解，那與他小時候的經歷有關。

父親過世後，我們家破產了。我和母親失去寬敞而舒適的中產階級房屋，只能租房子，周圍的鄰居和之前完全不同類型。很幸運地，我因為擅長學習，得以依靠獎學金繼續在同一所私立學校就讀。但是，我失去我的小馬和大部分的財產，並且，因為感到羞愧而與過去的朋友斷絕來往。

三年後我通過數千名選一的面試，在一部專業劇作中和有名的演員共同演出，並沉醉在美妙的時光、美麗的憧憬及一定程度的名聲之中。不過，它們現在都是過去式。

我花了多年驅散因羞愧造成的陰影。現在回想起來，早期經驗的創傷最終引領我探究自己，並且更深入地領悟關於生命的真理，如同本書中分享的內容。

我用獎學金進入大學，並成為同學中第一個當上律師的人。當時，那所大學立志於把女學生培育成優秀的家庭主婦、護士或者老師。每位女學生離開學校後，都必須穿上夾克、戴上手套和帽子。

大學讓我第一次近距離接觸男生。我從年輕時的照片發現自己相當有魅力，也確實有很多約會的經驗。但由於沒有安全感，過去的打擊讓我相信沒有人會愛上我，甚至順理成章地覺得自己每一次都會被拒絕。

在墨爾本大學（The University of Melbourne），我知曉瑪莎・葛蘭姆（Martha Graham）的舞蹈，是我多年來首次覺得自己從不安全感中解放。透過舞蹈，我第一次有了超越大腦的體驗。之後，老師介紹我到倫敦當代舞蹈劇院公司（London

Contemporary Dance Theatre），而我在通過律師考試，並獲得法院任命為執業律師和法律顧問後，便啟程前往倫敦學習舞蹈。

二十多歲的我，被自小接受芭蕾舞訓練、柔軟且年輕的身體所圍繞，彷彿置身於一個全新的世界。我也因為舞蹈獲得更多的靈性時刻，現在回想起來，當時的我真的非常幸運。

我與丈夫約翰在劇院裡邂逅，當時我已厭倦拒絕男生，也疲於對自己的框限。約翰經常逗我笑，就像一九七〇年代風靡英國的喜劇演員蒙提·派森（Monty Python）一樣，出現在我面前。那時我剛好獲得獎學金，可以在位於波蘭克拉科夫的默劇院，接受湯瑪斯克的訓練。我非常喜歡湯瑪斯克，但如果跟他交往，就必須學習波蘭語，還要查閱辭典，所以我最後選擇與約翰共結連理。

由於約翰的藝術家工作很艱苦，我選擇離開舞蹈界，開始在報刊從事廣告銷售的工作。我發現自己相當擅長這份工作，後來成為哈瑪克出版（Haymarket Publishing，現為 Haymarket Media Group）旗下的商業雜誌助理出版人，負責《今日管理》（*Management Today*）、《市場交易》（*Marketing*）、《會計師時代》

（*Accountancy Age*）等雜誌的工作，並成為公司的部門經理。正是那時候通過婦女平等機會議案，我成為大眾媒體口中的商業界成功女性。

我賺了很多錢，但不敢告訴約翰，因為他依舊是個艱苦的藝術家。然而，不安全感和壓力伴隨成功而來，我日復一日地擔心，害怕有一天人們發現我不像自己表現得那麼完美。但是，我不敢和約翰談論這一切，我們甚至日漸遠離對方。有一天早上，我突然冒出一個念頭：「我為什麼要起床？」

我離開丈夫和工作，向朋友租了鄉村小屋，和一群了不起的年老獨居婦女住在一起。我開始學習編織，一件件充滿奇妙色彩的作品從手中滾滾而出，於是我帶著它們到倫敦，並接受顧客訂單。之後，我織的襪子出現在時尚雜誌中。針織設計師是我生命中非常精彩的點綴。

這時有人向我提議到印度旅行，這趟旅程改變了我的生命。我以陸路的方式搭乘火車前往伊斯坦堡，然後換了一連串的車穿越伊朗、阿富汗，抵達印度。

我原本只打算在印度停留兩週，但實際上待在那裡將近三十年。我直到那時候才找到自己，並開始治療所有的心理創傷，有些傷口連我自己都不曾知曉。

最初我常感到非常沮喪，因為我有高效能的大腦、邏輯能力和推理能力，而且還有強大的形象隱藏在背後，再加上個性中的驕傲和固執，導致防衛心異常牢固。我非常掙扎，因為覺得自己永遠無法擺脫混亂的無意識，但是沒辦法找任何藉口，更無法責備外在的事物，這是無法逃避的事實。

原來我做的一切只是在尋找填補空缺的東西，以便讓自己感覺好一點。在我勇於承認「心目中的自己並非真我」之前，我跌到人生谷底，甚至企圖輕生。

這一路走來不輕鬆，但我慢慢地聽取修行老師的意見、不再掙扎。這就是為什麼想與各位分享我所學到的東西，因為這個過程其實並不艱難，只要有智慧、真誠及熱切渴望便足夠。誰都可以轉化自己的意願，遇見富足、自由的生命。

附錄

感覺內在的自由，你本來就是聚足的

——賴佩霞專訪阿南朵

來源：《魅麗雜誌》

阿南朵求學時成績優異，畢業後順利獲得律師資格，在職場上也有相當傑出的表現，但外在的成功並沒有為她帶來心靈上的滿足，於是她結束婚姻，離開原有的工作前往印度。目前在世界各地開辦課程及演講。

阿南朵單身、膝下無子嗣，但這對她來說卻毫無遺憾。東方女性承受太多無形的枷鎖，今天就讓我們貼近阿南朵的世界，聽聽她的自在美學。

賴佩霞 這個年代，很多父母親雖然育有兒女，卻不想仰賴子女過生活，他們希望能活出為人父母的尊嚴，並在獨處中享受快樂的生活品質。從另一方面來看，許多人常常因為不知道如何在獨處中保有幸福感，所以必須倚賴子女或配偶以尋求慰藉。當這種需求太過強烈，會造成彼此之間的困擾與負擔。請您談一談如何學習獨處？對於單獨一個人有什麼經驗？

獨處是件非常美的事情。不過，人對於單獨一人通常會感到害怕。人們終其一生過著忙碌的生活，想盡辦法讓自己在社交場合上保持活躍，目的是為了躲避心理上對獨處的恐懼。

當一個人什麼都不做、什麼都沒有的時候，只能面對自己的生命。這時候會浮現很多不舒服的感覺，甚至讓人感受到生命的虛空。一旦停下忙碌的步伐，就必須面對自己，這也是多數人不敢停下的原因。停下來後，腦中會重現過往的事件，跑出各種五味雜陳的感覺，並可能開始自憐、覺得不被重視、沒有價值、沒有意義，那些長期積壓下來的記憶全部都會浮現。

為了逃避內在的聲音，許多人總是無意識地借助別人或別人的事來填滿空虛，避免感受到心裡的缺憾，好讓自己感覺被需要、被渴望、有用處，嘗試讓內心感受到希望。

但**如果不學會面對自己、學習與自己獨處，將永遠無法好好放鬆**。雖然每個人都嚮往自在，卻自在不起來，因為要達到自在的狀態，就必須經歷獨處的過程。

賴佩霞　是的，許多人都說希望享有平靜，卻受不了平靜中的「無聊」，即使停下來，仍然不斷試圖找一些事物填補空隙，這也是為何有些人寧願過著充滿衝突的生活，也不願單獨面對自己。其實，面對自己更需要勇氣。

衝突的確令人亢奮。但如果內心存有衝突、不舒服，就感受不到自在，也永遠找不到平靜。對我而言，**獨處與孤獨不同**，在離開第一任丈夫，恢復單身生活的那段日子我，曾經非常孤獨。當時，一群好朋友都已經結婚，總是出雙入對，除了我以外沒有其他單身的人。

突然間，我驚恐萬分地發現必須面對自己、依靠自己。當我看著鏡中的自己，感覺已經瀕臨崩潰邊緣，因為再也沒辦法藉由別人的眼光認同自己，或感覺自己是誰。事實上，我無意識地落入孩提時期的感覺：認為自己沒有價值、沒有用。

我在工作之餘，晚上還參加慈善團體，為無家可歸的人提供食物。在服務時我展露自己的特質，並與其他人維持良好的關係，試圖感覺內心的舒適及安全。但是，我回到家我面對自己時，發現自己內心深處什麼也沒有，那種感覺真是非常可怕！

賴佩霞 當時您希望透過投入慈善團體的服務，去感受自己存在的價值嗎？

老實說，我利用慈善活動幫助自己找到生命的尊嚴、意義和自我認同，也藉由服務認識從事現代心理治療的專業人士。我參加呼吸課程，讓痛苦得到釋放與解脫。

一九七〇年代初期，人們開始大膽發表自己的想法，我想看看自己在團體中的定位。當時我是事業非常成功的職業婦女，賺了很多錢，一早起來便打起精神上班，與那時消極的社會氛圍（嬉皮文化）截然不同。

不過，職場上的多彩多姿對我造成很大的壓力，在朋友的推薦下，我接受針灸治療。那位治療師是印度人，在替我治療時，還推薦當天晚上準備舉行的靜心活動。當晚下班後，我穿著職場上的深色套裝，做了生平第一次的動態靜心。你能想像那個畫面嗎？

靜心是一種經驗，雖然有數百種不同的方法，但最終的狀態是一樣的：回到內心深處，發掘自己的真實狀態。

賴佩霞 對於女性而言，無論是主動提出離婚或毫無預期的離婚，心理上總會有所撼動。當女孩長大，想離開原生家庭另組新家庭時，總會懷有生死相許的憧憬。但是當夢想破滅，內心不免對自己抱持否定態度。

是的，當時我被婚姻生活困住，也不知道自己為何不開心，只是一味地渴望從中掙脫出來，我告訴前夫自己需要兩週的時間，並暫住在朋友的家裡，之後便再也沒有回去。我在那段痛苦的時間，開啟自我探索的旅程。

賴佩霞 有些社會文化認為女人需要男人才算完整，或者女人需要有小孩才能使生命圓滿。事實上，子女的確讓許多女人感覺自己被需要、被重視，而且好像能提供一種老後有人照顧和支援的安全感。

那是基於生物的無意識本能，也是基於社會文化產生的影響。首先，必須瞭解自己無意識的力量比意識的力量強多了，所以我們必須審視無意識中的訊息。

我曾有一段時間想要很多小孩，他們有來自不同種族的父親，因為我認為混血小孩比較美麗聰明。後來我發現自己的動機非常自私，其實是想利用孩子讓我的生活更美好、更有趣。

每個人都有尚未被滿足的需求，例如：愛和尊敬。如果我們沒有從父母身上得到這些，一生都會尋找某些人事物來滿足需求，可能是從朋友、戀人或工作上尋找。

然而，追逐這些需求會消耗大量的生命。事實上，也沒有其他人能滿足這些需求，唯一能滿足的人只有自己。但大多數人沒有察覺到這些深藏在無意識裡的需求，所以從外在看來，我們無法離開配偶、工作，甚至要孩子來滿足內在需求。

不過，滿足這些需求不該透過任何其他人，一切都是無意識在作祟，因為孩提時代有些感受沒有被滿足。我們應該用自己的方式找回滿足感，而不是靠其他的人的愛、尊敬、讚美，因為我們永遠嫌別人給的不夠。

賴佩霞　您是否可以告訴大家，不怕獨處的法門？

勇敢的人不代表不會害怕，他們知道恐懼的存在，但是願意面對。恐懼是非常強大的能量，通常來自無意識，也相當耗損生命力。我們可以靜下心來，拿出紙筆寫下無意識的恐懼，有時你害怕的人事物並不一定合乎理性和邏輯，但沒有關係，將它們都寫下來。

例如：我害怕別人對我的評論、害怕感到無助、害怕自己沒有價值、害怕死亡、害怕虛空等等。寫完後看著它們，不要試圖改變任何事物，包括你自己。接著，將它們帶到意識層面。

看看清單上什麼是真實、什麼是非理性，你甚至可以想像自己獨居，沒有伴侶、孩子，失去所有一切支援。在這種情形下，你活得下去嗎？如何活下去？你能對自己的生命做什麼？是否可以讓自己的生命不依附在別人身上？你想做什麼？想像完後，你將從獨處中發現自己充滿創意和滋養的生命力。

每當面對空虛、孤獨、災難的感覺時，你會愈來愈堅強。不妨回顧過去，看看生命中曾經發生過的苦難。結果顯示，你存活下來也學到寶貴的功課，不是嗎？

賴佩霞　我們都渴望自在地獨處，畢竟那是最終回家的路徑。最後，請給正在獨處的人一些話。

獨處時會看到內在豐富的能量和創造力，要學會善加運用，而不是被困住，因為人本來就是自由的。請專注於此生的使命，好好寫下生命範本。

如果人生是一部電影，你想寫出什麼樣的劇本？希望在人生中體驗什麼？其實生活周遭有許多人事物都在啟發你，或是正等著開啟、創造你的生命。自在是每個人心靈深處的最大渴望，只有透過獨處的洗禮，才會誕生自在。

NOTE

/ / /

國家圖書館出版品預行編目(CIP)資料

上 7 堂富有的故事：成為有錢必備的智慧／阿南朵著；貳閱編譯. --
台北市：大樂文化，2019.2
240 面；14.8×21 公分. --（Money；21）
譯自：對財富說是
ISBN 978-957-8710-09-2（平裝）
1. 金錢心理學　2. 理財　3. 生活指導

563.014　　107023468

Money 021

上 7 堂富有的故事

成為有錢必備的智慧

作　　者／阿南朵
編　　譯／貳　閱
封面設計／蕭壽佳
內頁排版／顏麟驊
責任編輯／劉又綺
主　　編／皮海屏
發行專員／劉怡安、王薇捷
會計經理／陳碧蘭
發行經理／高世權、呂和儒
總編輯、總經理／蔡連壽

出 版 者／大樂文化有限公司
地址：新北市板橋區文化路一段 268 號 18 樓之1
電話：（02）2258-3656
傳真：（02）2258-3660
詢問購書相關資訊請洽：2258-3656
郵政劃撥帳號／50211045　戶名／大樂文化有限公司

香港發行／豐達出版發行有限公司
地址：香港柴灣永泰道 70 號柴灣工業城 2 期 1805 室
電話：852-2172 6513　傳真：852-2172 4355

法律顧問／第一國際法律事務所余淑杏律師
印　　刷／韋懋實業有限公司

出版日期／2019 年 2 月 18 日
定　　價／290 元（缺頁或損毀的書，請寄回更換）
I S B N　978-957-8710-09-2

大樂文化

大樂文化